D1666163

1

Verlegt von
GROTTO TERRAZZA

Fünfte durchgesehene Auflage, Grat 2019
(Erste Auflage: 2016)

TRATTORIA NIHIL

von
Thomas Schamann

Buon Appetito

Ich bin ein Sommerabend.
Heute bin ich aufgewacht in einer Stadt.

Es ist warm, die Sonne geht aufwendig unter. Gestreifte Markisen sind ausgefahren. Ich bringe angenehmere Luft zu den vielen verschiedenen Leuten die die Stadt bevölkern. Es riecht nach warmem Stein, und nach den Mopeds die übers Pflaster fahren, nach Tabak, und nach Weißwein und Rotwein und Blut und Feigen und es ist Salz auf meiner Zunge. Am Platz der Befreiung liegt die Trattoria Nihil, gegenüber von Wien und Porto, hundert Meter links von Paris. Laternen und leuchtende Schilder machen Licht und locken die Leute her. Das Bierzeichen, das von denen gesehen wird die es sehen können, wird in wenigen Minuten erscheinen und den Hellsichtigen die Schuhe ölen.

Die Stadt heißt Grat, und ist eine Grenzstadt zwischen fünf Ländern. Sie hat eine starke Stadtmauer, ist aber über viele öffentliche und geheime Tunnel und Keller zu bereisen. Einen Hafen hat sie auch, denn sie liegt an einer Flusskreuzung und war früher eine große wichtige Marktstadt. Östlich der Ansiedlung ist ein erloschener Vulkan, der Spleen Piz. Fruchtbar ist das Umland.

Es spukt hier außerdem. Aus dem kalten Tal unten am Fuß des Spleen Piz kommt Yuki-Onna, die Schneefrau. Ihre Halbschwester, die große rote Frau, wohnt oben auf den warmen Gipfeln des alten Berges und ist elektrisch begabt. Diese beiden, und noch eine Hand voll weiterer Gestalten, gehen in der Stadt um. Von der einen wird behauptet, sie entziehe den Menschen die Lebenswärme und das Weltgefühl - der anderen wird nachgesagt, sie würde ihre wehrlosen Objekte mit dem Gegenteil überladen. Beide Geschwister sind laut Zeugenberichten mehr als drei Meter groß.

Es gibt reichlich zu tun für sie: Grat vibriert fast immer - wie ein Bienenstock brummt sie vor Leuten, in den Spelunken und Bierkellern, an den Kanälen und in den Tunneln. Hundert Tausende einzelne Wesen die zur Bespukung offen stehen, leicht verloren, berauscht, oder besessen gemacht werden können.

Ein Eintreiber hält eine Kellnerin grob am Handgelenk fest und fasst sie zwischen den Beinen an, an ihrer billigen Scheißfotze, hinten im Kloeingang bei einem Cigaretten-automaten. Ihr Kollege, einer mit fleckigem Spültuch über der Schulter und ohne Schnurrbart, lehnt vorne am Tresen und liest wichtige Sportnachrichten die ihn nicht interessieren.

Zwei Querstraßen weiter, an der Kellertür eines Hinterhauses, klopft ein Mädchen zitternd bei einem Engelmacher, während im Vorderhaus zwei Huren einen betrunkenen Freiersohn verprügeln, der sie vorher verflucht und mit Kerzenwachs beschleudert hat. Weiter vorne, an der Ufer-Promenade streiten sich zwei Hunde um eine tote Ratte, dahinter sitzen zwei alte Männer auf einer morschen Bank und halten sich an den Händen. Sie blicken nach links auf ein beiges Haus: Im zweiten Stock sitzt Frau Zeiss noch im Büro und sortiert wertvolle

Papiere, sie ist Treuhänderin, unter anderem für die Hotel-Leiterin Pat, und hat dieser noch heute bedeutende Schriftstücke vorbeizubringen. Darunter, im ersten Stock auf einem Balkon, sitzt einer. Er sitzt an einem kleinen runden schweren schwarzen Eisentisch in der Ecke, allein, heißt Jacques Brel und schreibt etwas auf einen Zettel. Die Leuchtröhre des Ladenschilds macht ihm den Tisch hell.

TRATTORIA
NIHIL

Ganz unten, auf der Terrasse dieser Trattoria, sitzen zwei Männer und eine Frau von drei verschiedenen Nachrichtendiensten an einem Tisch und trinken Cafe und Wacholder. An ihnen vorbei, trägt die Chefin des Hauses gerade weitere Stuhlstapel aufs Pflaster hinaus, hält dabei kurz an, und dreht sich zur gegenüberliegenden Straßenseite hin. Sie winkt und dem Kellner ohne Schnurrbart zum Gruß herüber. Er antwortet nichts.

Ein zügiger Rhythmus setzt ein. Alle schauen kurz von ihren Tätigkeiten auf. Katzen, Wachs, gebratener Fisch, Muscheln, ein Mondaufgang. Ich bin ein Sommerabend und wehe durch das Viertel. Ich schwebe an offenen Fenstern vorbei, bleibe manchmal auf einem Sims sitzen und schaue durch die dünnen Gardinen in ein Zimmer. Ich höre und sehe Leute, ich knister durch die trockenen heißen Dachrinnen, über die Dachziegel, durch die glänzenden und die rostigen Antennen, um die Kamine., und ich fühle nichts.

Sì	Ja
No	Nein
Sì certo	Jawohl
Buon giorno	Guten Morgen
Buona sera	Guten Abend
Buona notte	Gute Nacht
Ciao	Hallo
Come stai?	Wie geht es Dir?
Ho fame	Ich habe Hunger
Ho sete	Ich habe Durst
Molto bene	Sehr gut
Grazie	Danke
Un bicchiere di vino	Ein Glas Wein
Cin - cin	Prost
Per favore	Bitte
Ti amo	Ich liebe Dich
Arrivederci	Auf Wiedersehen

Seashellshock

In der Kastenmarck, in einem hellblauen dünnen Haus mit Fischernetzen, sitzt ein Mann auf einem beigen Sessel; beide sind am Arsch abgenutzt. Der Mann hat sich im zweiten und im dritten Amerika-Krieg bewundert und gehasst gemacht, allein schon indem er beide überlebt hat. Er stirbt gerade an einer Kombination aus einer Muschel- und einer Pilzvergiftung. Sein Sohn, der gekocht hat, dreht das Radio lauter.

Der Sessel hingegen ist sowieso leblos und war in keinem Krieg o.ä..

Der Sterbende wird leider jedoch sofort ersetzt:
Around the corner, in Rue St.Martin, an old man called "stinky little napkin" is born.

Die eckige Terrasse ist nun komplett aufgebaut und herrlich einladend. Drei wie Ghazils gekleidete Engländer setzen sich um einen Tisch und verlangen nach Portwein. Der mittlere sagt:

"Meine Liebe, meine Liebe! Ich dreh mich zu dir so wie sich eine Sonnenblume zu Sol dreht. Ein Mann genannt Victor sitzt vor einem Ventilator genannt Progress und alles ist fettig und ich will mich kaputt schlagen mit meiner rechten Faust. ABER! Aber bedenke stets:
Wer keine Uhr hat kennt die Zeit, und wer die Zeit kennt, der trägt für jede Tat den richtigen Hut."

Seine beiden Begleiter reißt es spontan von den Stühlen, sie applaudieren stehend.

Am Nordende der Kastenmarck: Evolutionäre Vorteile

In mindestens dritter Generation!
Die Ärzte waren sich zunächst uneins
über Grund und Funktion:
'ein Wein-Rüssel hat sich gebildet'
bei dem Menschen den sie „Eisbär" rufen.

Die Lebenden gehen zu Poljot und reden über Pläne, die
Toten gehen zu Amphibia und trinken sich müde. Der
Eisbär ist bleich und schon etwas müde. Er zeigt sein
Gesicht in der Stadt herum, alle kennen es: Er hat vom
Alter weißes Haar und weißen Bart, und vom Wein eine
blaue Zunge. Heute hat er seinen Enkel mit dabei.

Wie ein Blitz, der sich seinen Weg durch das seichteste
Stück Luft bahnt, lässt dieser Enkelmann seine große
unbestimmte Wut an kleinen greifbaren Dingen aus. In
diesem Fall ist das der Aschenbecher des Eisbären und ich
weiß nicht mehr was ich gefragt habe, aber gut, es trifft
jedenfalls den Aschenbecher.

Die Schwestern des Enkels sind nicht dabei. Sie müssen
der exhumierten Leiche von Heidi Klum ihre Schönheit
beweisen
an Weihnachten auf RTL 5.
Wer am schönsten ist darf leben und sich fortpflanzen.
How bizarre, how bizarre.

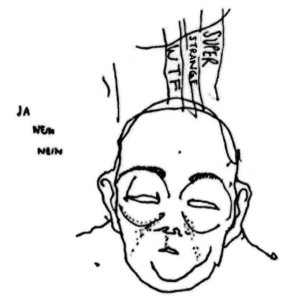

Ich fokussiere mich wieder.

Vater unser im Himmel, mein Reich komme
mein Wille geschehe, wie im Himmel so auf Erden
und ich vergebe mir meine Schuld, denn mein ist das
Reich und Kraft und die Herrlichkeit .
in Ewigkeit, ist die Frucht meines Leibes gebenedeit,
machs gut, bis dann.

An erster Stelle kommt Schnitzel mit Pommes,
an zweiter Stelle das Vaterland,
und an dritter meine lieber Gemahl, der Winterabend.

Meine Reservisten-Nummer lautet: 1

Ich wehe aus der Kastenmarck heraus, hoch Richtung Aquädukt. Einer mit Schieberkappe schreibt in seiner Küche 'Leserbrief I'

Die Vermenschlichung von Robotern ist im Auge des Betrachters. Sie geht nach dem gleichen Muster von statten wie die Vermenschlichung von Haustieren. Es hat ein Gesicht und macht irgendetwas darum empfinde ich empathisch. Diesem Gefühl entspringen die Forderungen nach Gesetzen zum Schutz von Androiden. Außerdem wird angefügt, dass man es dem Menschen zu verbieten habe Grausamkeit auszuleben, auch wenn es nur ein robotisches Opfer gibt. In dem Falle wäre das Roboterschutzgesetz zum Schutz des Besitzers, nicht der Maschine; um den Menschen davor zu schützen, dass ihm sein eigener Sadismus zu den Poren herausquillt. In beiden Fällen widerspreche ich den Forderungen nach Roboterschutzgesetzen, da sonst die unzulässige Personalisierung dieser Automaten vollbracht wäre, die sich sowieso schon durch das Land spannt wie ein grober Seuchenpilz. Ein Roboterschutzgesetz wird den Automaten als lebendig adeln. Und das stimmt nicht. Und der Sadismus wäre ein Sadismus ohne Opfer, und das ist strafrechtlich höchst zweifelhaft.
- Robert F. (32)

Lemur toujours

Ein junger Trinker liegt hinter einer Heizung
darfst mich nicht sehen ich
darf dich nicht sehen ich
bin Dreck ich
bin abstoßend
ich trage Ratten ich
bin eine Beleidigung du
musst kotzen ich
muss mich vergraben.

Im Heizkörper lacht Jehova
und leckt eine Nadel.

Eine junge Trinkerin liegt vor der Heizung,
schreibt in ein Streichholzheft
Ich wollt ich wollt dein Essen sein
doch alles muus weg
und alles muus rein .

Sie faltet das Heftchen zusammen und schiebt es unter der
Heizung durch, steht auf und setzt sich schräg in ihren
Polsterstuhl , schließt die Augen und fährt damit in den
Wald zu den stillgelegten Zauberkugeln. And in the time it
takes coldness to travel through air, she congealed, and
became anew in her kitchen sink 1 week later.

Unter dem Polsterstuhl lacht Jehova
und leckt eine Nadel.

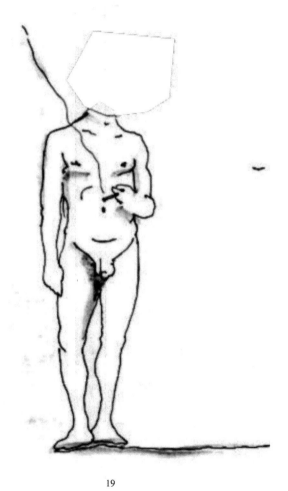

ES WIRD EIN ENDE HABEN

ÜBERMORGEN WIRST DU
VON EINER TRAMBAHN ÜBERFAHREN.

TRINK DEINEN CAFE SOLANGE ER WARM IST

CHEESE

SMILE

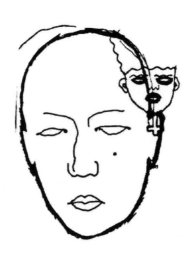

Experimente

Ein fleißiger Arbeiter lutscht langsam und feucht
am Staatsbürgerschaft von Konrad Adenauer
und singt nach jedem Zug
Deutschland
Deutschland
über alles
wächst Gras.

Einst ging ich durch den Böhmerwald, und hat ein Mädel
an der Hand. Sie hatte dergestalte Knödel, dass der Kukuk
zur Andacht schwieg. Oh wie scheen die Heimat war.

In einem Automat

Ich wohne innerhalb eines Bierautomats. Wenn 1 Passant wirft/werfen Hartgeld ein, dann wird mir eine Büchse ausgegeben. <Passant> sehen von außen zu wie ich diese austrinke und Sachen mache. Heute klemmt aber der Automat, die Vorstellung fällt aus.

Die polnische Volleyball Nationalmannschaft erscheint aus dem Nichts. Der Trainer hat ein Klemmbrett und eine Trillerpfeife. Sie gehen im Gleichschritt und singen ein Wanderlied.

Falkenmeyer sitzt im Büro und betet für einen schnellen Tod, aber es passiert nix.

SIE HAT IHREN MANN AN EINEM LANGEN STIEL BEFESTIGT
UND HÄLT IHN ÜBERS FEUER
ER WEINT

Alto Fragile

Er hat viele Holzkisten Custoza aus der Cantina di Castelnuova del Garda, Prosecco aus Vazzola und Chardonnay aus Chieti ins Kühllager geräumt, sich über die Bierfahrer geärgert, die aus den Kisten Flaschen genommen und selber getrunken hatten, und jetzt sitzt er und raucht. Er läuft danach hinüber zum Metzger, vorbei an David, der gerade vor der Trattoria Polokov mit einem starken feuerroten Besen die Terrasse fegt servus vorbei am Central wo Ingo die Bourbon Flaschen poliert servus und servus vorbei an der Dupont wo Khaled ein Pizzablech in die Auslage gleiten lässt. Zwei Wacholder. Sein Finger ist aufgeschnitten von einer Scherbe. Eine alte schöne Chinesin wollte ihn, hatte aber zu viel gesoffen um ihm zu gefallen. Tellerwaschen, Geschirrtuch, nach der Schicht in den Simpl oder zum Fluss.
Wie sie in ihrem Polsterstuhl sitzt. Die schönen Falten um ihre Augen. Ich kann nicht hinsehen so warm ist sie. Und niemals mehr wird sie mich küssen.

'Ich arbeite an einem Haus' denkt sich eine die mit ihrem
LysergSäureDiethylamid durch den Schlosspark geht

Ich gehe durch den Schlosspark
und ein Reh hüpft durch den Schnee.
Es riecht nach Frühjahr in Straßbourg vor dem Dachfenster
auf den Kacheln auf der Brücke über dem alten Boot, die
Sonne scheint durch die Gassen über den Markt in der
Bronze-Tram in Lyon stehen die Alten mit Kappen im
Hohenbaumraum
und mischen Wasser mit Pastis
und spielen Boule.
Das riecht man bis nach Grat.
Er hat Arbeit, im Friseursalon rauchen.
Er hat keine, fährt in einem Mercedes vorbei, mit einem
älteren Mann am Steuer.
Ich fahre mit der Fähre über den großen See. Er ist in
Untersuchungshaft sie sitzen auf dem Boden und essen
Schnecken ,nach dem Beischlaf.
Schnecken sind Landmuscheln, von Gott und seiner Frau
unter dem Protest der Fischer gebaut und ausgesetzt um
sich zu mehren, und um mit Knoblauch und Weißwein zu
tanzen, die Wände sind dünn, ein Job hier ein Job da, alte
Sandwiches verspeisen.

Falkenmeyer kniet auf einem Teppich und betet aber es
passiert nichts.

Tit Morgenstern und Harm Gertie lehnen in der
Taverne "Blauer Nil" am Zigarettenschrank

Gertie sagt:
I have lived a dozen lives
and I hardly, vaguely,
remember two or three
of them

Kurt Rosmond steht auf der Türschwelle am Cafe
Zeiss

Wenn ich meine Jacke anziehe ist es zu warm
Wenn ich sie ausziehe ist es zu kalt

DURCH ABSTUMPFEN DURCH AUSHALTEN

On the stiction of things past

Altgold ist Bargeld!

Ich habe ein Gebilde geschustert aus alten Teilen.
Ich habe es wachsen lassen.
Ich habe eine Rotlichtlampe angewendet.
Ich bin ein ehrbarer Aasgeier.
Das Licht bricht sich in ihm und es glüht schön warm.
Wenn ich naccchts in das Haus zurückkomme,
kann ich es ansehen.
Echten Geist konnte ich aber nicht einwirken.
Ich habe ein Gebilde genäht aus alten Teilen,
ich muss mit dem arbeiten was ich habe.
Die Nähte sieht man nur wenn man sie sehen will.
Es
legt einen Arm um mich und sagt ich wär Nostalgiker aber
eigentlich wissen wir beide ich bin Leichenfledderer mit
genähten alten Teilen, deren Geist schon schon längst
weitergezogen ist.

Nach der Vorstellung geht Nem Tarullo mit Blumen in der Hand in die Garderobe des Zirkuselefanten

Nem ist nackt und lobt das Tier, fragt ihn ob er nicht grantig sei, angebunden in der Diaspora. Elefant antwortet:

"In solchen Welten sind alle Funktionshäftlinge. Und wenn ich meine Flucht simulieren will, dann geh ich eben ins Internet oder sauf mir einen an oder sowas."

Nem steigt aus dem Fenster und geht wie die anderen Besucher in Richtung des gerade erschienenen Bierzeichens.

Auf dem Boden einer flackernden Dusche

Mach mir den Mond warm
Mach mir den Mond warm
Blumen gebracht
doch zu deine Tür

Stand auf der Straße
doch zu deine Tür
uh deine Blumen
welken bei mür.
Mach mir den Mond warm

WER IST DER MANN IM RÜCKSITZ.

Riz Debrah am Marktplatz vor dem
angenehm billigen Schuppen "Capri Grill"

Die Leute kaufen Pflanzen und Mützen und
geräucherten Fisch oder große Bratwürste in kleinen
Semmeln. Der Wind dreht den Kiefernrauch zu mir
an den Cafetisch. Ich rede mit all den jungen Männern in
meinen Hosentschen, ohne Ergebnis. Morgen vielleicht.

Einer davon, Fag Pott, weiß drei Dinge aber ganz sicher
und möchte sie mir dringend mitteilen:

*Der 17jährige Exyl Spyryt erklärt seinem Boyfriend:
"Ich bin jetzt für 70 Jahre weg, und dann komm ich
wieder."*

*Fuck Fuck Buck Fuck sitzt deswegen in der Küche und
weint die ganz große Träne heraus.*

*Und drei Zahnwale schwimmen im Kreis und unterhalten
sich über die beiden eben geschilderten Situationen.*

Also nimm dich in Acht!

Daraus kann niemand schlau werden, ich bedanke mich
aber höflich bevor ich ihn in die Tasche zurückstecke.

Dreg Mongrel nutzt die Gelegenheit um aus selbiger
Tasche heraus einen Vorstoß zu wagen, er klettert an
meinem Hosenbein herunter und versucht mir die
Schnürsenkel zusammenzubinden. Ich nehme ihn am
Kragen hoch und sage:
Geh mir aus dem Weg, ich bin verliebt, und ich hab ein
Kind geboren letzte Nacht im Wald. Was sagst du jetzt,
Mongrel?

7000 Valentino unter der Herrschaft von ███████

In einhundert Jahren
bin ich STAUB und Dreck
und ein Haufen Kalk

doch in einhundert Jahren noch

singen der Baum und das Gras und der Sterne
ein Lied
von mir und von dir.

Ein kaputter Greis
hört sich in seinem Kopf verhallt sprechen:

Ich hab alles vergessen, Chérie
Deine alten Hirne haben Löcher
und sind sehr weit weg
Ans Telefon gehen Leichen,
welche Nummern du auch wählst,
und sagen dann nichts,
außer
Du hast alles vergessen, Chérie.

Ich glaub hier liegt eine Verwechslung vor.
Wo bin ich?
Wir kennen uns doch, oder?
Ein fremder alter Mensch,
schaut mich durch seinen Spiegel an.

Angenehme Fremde fragen wo mein Sack geblieben ist,
mit dem Zettel und dem Silber,
aber du hast alles vergessen, Chérie.

In einem roten Raum, in den nur der darf der zahlt:

Kein Trinkwasser
Auf den Kopf
Werde auf den Kopf hauen
Starlight Casino
Woran du noch glauben sollst,
sitz da drüben auf dem Tisch.
Woran du noch glauben sollst.
Was reimt sich auf Nichts,
was reimt sich auf wertlos?
Ich werde es euch nicht verraten, niemandem!
Der Schnitter kriegt den Hals nicht voll, Maria.
Wir haben nicht mehr lange Zeit, aber ich behalte mein
Geheimnis im Mund, und spucke es euch nicht hin, haha.

Und auf dem Nebentisch:

Okkulter Stuhl im Blut!
Er hat ein Geheimnis im Mund.
Er hat ein Geheimnis im Mund.

Spuck es auf den Tisch!
Mach jetzt den Mund auf.
Spuck es auf den Tisch.
Spuck es auf den Tisch! Wirds bald?

Als Antwort schallt zurück: Kommt und holt es euch!

ICH GEHE NICHT WEG

SELBST WENN DU BETEST.

In der Mitternachtsmesse der St. Anna Kirch

My dear brethren, ohh it's sad,
yet no one really dies, they say!
As long as we cherish their footprints
they'll continue to live in our hearts
~~~ forever ~~~

Being honest, alas, I must say
calendar mottoes just hide the decay.

The haunted house that is your mind
Might wish to keep its spirits together under their roof,
lika a parent would

but

Who would call that a life?
A photo on a shelf in a brain
Fainting and yellow and twisted by
each and every beholder's eye,
no,
I will not live on, I will die.

Ich fliege am Pier vorbei. Dort sitzt eine.

Sie hat dem Himmel einst vertraut, hat die Sterne angeschaut, die Kometen und den Mond, nicht gefragt ob es sich lohnt wenn sie sich still etwas wünscht.

Aber es ist doch nie etwas passiert, doch nie was, so wie immer nie was jemals passierte, never, und das hat sie sich gemerkt.

Auch ein profaner Sommerabend erfüllt keine Wünsche, und so hat sie sich schließlich selbst geholfen, mit einer kleinen Hand Arsen.

Harald, sag mir dass du mich für immer liebst und ich hol dir noch ein Bier aus dem Kühlschrank.

Ja bring 2.

Jemand singt alleine in der Gasse neben der St.Anna das

Glorreiche Kampflied
der zeitlich verschiebbaren Heilsversprechen

Haltet aus Genossen,
der Bruderkuss ist nah.
Irgendwann im Leben,
dem Deckel seinen Topf.

Der Endsieg wird demnächst noch kommen
und erlösen uns vom Bösen.
Utopia und Frieden winken,
die letzte Schlacht gewinnen wir.

Lebenslänglich Leben,
die Erlösung kommt schon noch.
Das Paradies wird dich belohnen,
vor dem Tod lebt's sich so schwer.

Jetzt ist's dunkel, dann wird's hell.
Warte nur, du wirst schon sehn.
Wenn nicht morgen dann halt übermorgen
vielleicht, wahrscheinlich, oder so

Ref: Can you see the Xanax shine?
       I do know an easy way,
       to earn a fortune online.

Ihr Glückscode lautet: K2Q16G

An einem Bettrand in dem Wohnhaus auf der anderen Seite
der Gasse

Ich stoße dich aber
Ich kann
den blauen Reiter,
die Ansammlung,
den Pulsar,
und die Laterne
leider nicht mehr sehen.

Geh weg,
weg aus meinem Bett,
leg auf,
ich
will alleine sein,
ich will alleine sein,
heraus aus deinem Totenbett, hinein in meine Bahn.

Du stößt mich aber
ich bin nicht bei der Sache,
und das Blut in meinen Adern
singt ein Lied für drei Andere.

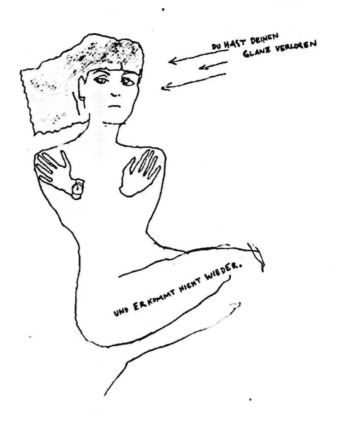

Einen Stock darüber, gleich unter den Antennen, im
Zentrum Magnetkugel, zwei dampfende junge Leute mit
nassen Hemden

Wenn irgendwer Fragen stellt
sag du warst um 3 zuhaus
und passiert ist nichts,
gar nichts.
Und dass wir gute Menschen sind.
überhaupt nichts besonderes ist passiert,
bitte gehen sie weiter.
Hier gibt es nichts zu sehen, garnichts,
bitte gehen sie weiter.

IST

GEHEIM

Ein dreckiges Männchen auf dem Friedhof hinter St. Anna,
mittlerweile gibt es mehr Schatten als Licht, die Sonne ist
fast weg (wird morgen aber wieder kommen)

ich grab ein loch diggi diggi
ich grab gerade ein loch diggi
ha ha ha
ho ho ho
der boden saugt meine schaufel ein
mitsamt dem ganzen stiel
und der boden brüllt vor appetit,

ach wie gut, dass niemand weiß,
dass ich ███████ heiß.

Theodizee in der Kapelle 17 Meter davon entfernt

Ein Geröteter schreit zum Himmel, er bittet ihn erhöre mich.

Auf dem Tisch hat er Thunfisch, Kaffee, Oliven, zwei tote Katzen und Joghurt. Er betrachtet diese Materialsymbole um sich bessere Gedanken machen zu können über den Unterschied von *Todesmutig* und *Lebensmüde*. Er kommt auf keinen grünen Zweig.

Herr, geize nicht mit deiner Strenge und Rachsucht! Schimpf mit mir! Ich will Handy trotz Schufa, dafür nehme ich jeden Peitschenhieb in Demut hin, ich flehe dich an, erhöre mich.

Der Gerötete schreit zum Himmel und bittet Gott zornig um:

"Möglichkeiten sinnvoller Freizeitgestaltung"

geiles rezeptchen für was geiles kleines

guten tag

ich suche ein
ich suche ein lied   [Suche]
ich suche einen mann
ich suche eine freundin
ich suche einen job
Zum Start der Suche Eingabetaste drücken

ich suche ein
ich suche ein lied
ich suche einen mann
ich suche eine freundin
ich suche einen job
Zum Start der Suche Eingabetaste drücken

MEET   QUICK

FOR   DATES

SEX   ONLINE

warum soll ich
warum soll ich mich ändern
warum soll ich sie einstellen
warum soll ich arbeiten
warum soll ich heiraten

Zum Start der Suche Eingabetaste drücken

aber ich
aber ich habe
aber ich will
aber ich bin doch selbst noch ein kind
aber ich bin
Zum Start der Suche Eingabetaste drücken

Im geschlossenen Akademie-Museum

Unter einem Glassturz ist ein echt menschlich aussehender Roboterkopf ausgestellt, ein Androidenkopf. Es handelt sich dabei um einen Prototypen, der als zeithistorisches Objekt, als Museumsstück, dort der Öffentlichkeit gezeigt werden soll.

Der Kopf ist motorisch bewegt. Er weint und fleht die Leute an, ihn da herauszuholen, tagsüber. Er sei sich bewusst darüber, dass er ausgestellt ist, hasse das aber und sei furchtbar traurig deswegen. Er fixiert einzelne Museumsgäste und versucht sie zu überreden ihn mit nach Hause zu nehmen. Am anderen Ende des Raumes hängt ein Nothammer.

Nachts, wenn das Haus geschlossen ist, also auch jetzt gerade, hat er niemanden zum Sprechen.
Er summt leise für sich allein das Lied
What becomes of the broken hearted.

Hinter der Akademie: Devil's Kettle
in der Wohnung im dritten Stock über der Trattoria Nihil

Es herrscht Friede in den Wipfeln, und die Krähen geben Ruh. Er badet auf dem Küchenboden und schaut in die Trinkersonne, macht das Fenster auf, ob es regnet oder nicht, nascht von den Mutterkuchen-Resten von heute Nachmittag, lässt sich nochmal in seine Kokosnuss nachgießen, treibt gemütlich in sein Bett und schläft gut.

Vor der Autotheis denkt sich ein Beobachter

Der Blasse hat Geld in der Tasche und trinkt zaghaft. In seinem Fall ist das so, dass er nicht Geld in der Tasche hat weil er zaghaft trinkt, sondern der Umstand dass er wenig trinkt und der Umstand dass er Geld in der Tasche hat, haben den selben Grund, nämlich dass er blass ist.

Der Schräge hat kein Geld, der Schräge würde jetzt aber wirklich sehr gern noch vier Halber-Liter-Flaschen austrinken und dafür braucht man Geld wenn man nicht vorgesorgt hat. Also macht er den Blassen an, ob er ihm was geben kann, obwohl er den blassen Bub gestern noch verhöhnt hat dafür dass er so einen leichten Tabak hat.

Er raucht einen
schwachen Tabak.

Eine fährt mit der Hand die Ziegelsteine entlang während
sie durch die Straße geht

Was reimt sich schon auf Wien?
Was reimt sich schon auf Wien?
Kokain Kokain
Was reimt sich shcon auf Wien=
Wasreimt scich schon auf wine?
au?er koikain koknai?
nud janine
war des kein ja?
nein.
Usually, showing good will buys good will.
Usually. fünfzig € buys good Flatterhaftigkeit.
Wo is mine janin nd wo bin ich?

Hinter dem Tresen der Autotheis lehnt eine Kellnerin und versucht sich Sisyphos als glücklichen Menschen vorzustellen, schafft es aber nicht. Ihr Unterleib tut weh, ihr Gehirn brennt.

Im Namen des Vaters, um die Ecke,

des Sohnes, und des heiligen Geistes:
Sie sind verhaftet.
Haben sie den Angeklagten schonmal verwöhnt oder
geschwägert?
Ja?
Dann öffnet die Tore!
The great Asparagus, commander in chief
of life and death, rules:

Er hat auf Nacht gewartet, und sich sodann von einem
Stück Alufolie verfolgen lassen. Mit diesem im Bunde
habe er dennsten eine Tätigkeit vorgenommen, nämlich:

Ich schlage solange auf dich ein bis
du hast verdammtnochmal darum gebettelt
unsere liebe Frau kann gut Cigaretten drehn
und das bestreitet niemand
deshalb ist es wahr
und wenn du bestreitest was wahr ist
dann schlag ich solange auf dich ein bis
Triumph Triumph

„Das ist nicht würdig, er muss dreimal im Kreis essen",
sagt The Great Asparagus, und verschwindet danach
rückwärts in einer hellblauen Nebelwand, die Tore
schließen wieder, und das Wappen der Weißen Hand
erscheint über dem eisernen Schloss.

Triumph Triumph

Das war ein lang ersehnter Tag
und siebentausend Jungfrauen klatschten Beifall
mit ihren Schamlippen und Vorhäuten
er kaufte sich 12 Freunde und aß ein Tier

sippin the clubmate
sippin the clubmate with kevin kurany
sippin the clubmate
with my friends
sipin the clubmate
i don't know them

Auf einem Thron der Weißen Hand sitzt ein goldener
Orang Utan

Ob der Waldmensch von sich aus golden ist, oder ob er
sich eingefärbt hat, oder ob er etwa gar von jemand
anderem, einem Makaken beispielsweise, vergoldet
worden ist, ist zu diesem Zeitpunkt noch nicht bekannt.

Später schreibt Saugling Junior: "Man muss bedenken dass
das damals noch nicht bekannt war. Noch garnicht recht
bekannt."

Die Menschen fanden ihn wertvoll,
weil er der letzte seiner Art war,

die Katzen weil er nützlich war beim Perlenspinnen,

die Kent weil er sich im Kampf bewiesen hatte,

die aus dem Norden weil sie von sehr Vielen gehört hatten,
dass er wertvoll sein soll,

und die aus dem Süden weil jemand mit Expertise gesagt
hatte er sei truly golden.

Auf der Promenade hinter dem Platz der Befreiung redet
ein zusammengestelltes Paar mit einer Kamera

Dank Sheitan haben wir beinahe 1000 € gespart und fühlen
uns einfach riesig!

Sie versuchen zu grinsen, können es aber nicht, denn sie
werden von negativen Frequenzen gestört.
Cut! Scheiße!

Die schlechte Suppe kommt durch die sehr dünne Wand
hereingewabert:

i lie on your couch
to you
and i feel no shame?
ich besitze ein langes Restaurant

In seinem Kopf schlägt sich ein gelber Mann mit einem
dicken Senfglas die Schneidzähne aus, seine Fruchtblase
platzt, und aus seinem Loch heraus kommt er selbst,
immer und immerwieder.

Er vertrocknet innerlich. Alle Leute an denen er vorbeiläuft
verlernen den Frohsinn, der Wein in ihren Flaschen wird
sauer und die Wögel fallen tot von den Wäscheleinen
herab. Als er eine schmale Seitengasse passiert, greift eine
große bleiche Hand nach ihm und zieht ihn in die kühle
Kluft hinein. Yuki-Onna hat zugeschlagen, ich beeile mich
weiterzukommen.

Marlene Soir und ausgewählte Trabanten laufen in einer Gruppe vorbei. Ein Diener überlegt sich:

Sie sondert schließlich Geldschaum ab. Auf ihrem rechten Schlüsselbein hätte sich bald ein Rinnsal gebildet, hätte sie nicht einen angestellten Martin für solche Zwecke, der diskret in ihrem Schatten steht und alle paar Minuten mit einem Finanzschwamm den Geldschaum abtupft.

Was würde sie nur ohne Martin tun? Mehrere Geschichten sind im Umlauf, darüber wie der Schaumconcierge den Schwamm an einen Bettler verschenkt hat, nachdem sie den Abend im Riz Ortolani, im Manta Canzone, oder im Bügelplateau, oder einem der anderen Tanzcafes auf der Rue Marten-Scheingeist verbracht hatte. Ich kenne seinen Schwager über eine Freundin, daher weiß ich, dass er ihn zweimal selbst eingesteckt hat, obwohl das sein Vertrag untersagt (man möchte eben keine sogenannten Parasiten an seine Position locken). Es war ein größeres Geld für den Schulausflug seiner Tochter fällig und 17 ist sie unglücklicherweise auch noch geworden, also ich kann es ihm nicht übel nehmen.

Nunja, ansonsten landen die Schwämme bei mir im Untergeschoss, wo ich sie auswinde, spüle und trockne, und anschließend in den kleinen Messingaufzug lege aus dem der Concierge am nächsten Tag im 3. Stock sie wieder entnehmen wird.

"hatte er sich ab da vorwiegend hauptsächlich mit der Einrichtung seiner Nester beschäftigt. Haushalt, Ernährung, Dekoration und so weiter – nur privates eben.

Die megalomanische Theresa mied er so gut es ging. Theresa sagt, die Welt hätte auf einen zu hören, und man müsse die Leute am Ende gar zu ihrem von Theresa bestimmten Glück zwingen, vielleicht. Notfalls über die warmen Leichen von denen die dem Fortschritt im Weg stehen, denn der Fortschritt muss unaufhaltsam sein.

Er hatte sich ihr aus Bequemlichkeit nicht in den Weg gestellt, also hatte sie gewonnen. Aber dann kam Electrolux Comanche"

Ein Anwalt, eine Richterin, und ein Wiederholungstäter die sich privat gut verstehen sitzen auf einer Bank. Der Anwalt spricht:

Was der Sender sich dabei denkt lässt sich niemals eindeutig feststellen. Das ist nicht wie eine Beleidigung funktioniert. Eine funktionierende Beleidigung muss beim Empfänger wirken, nicht beim Sender.

Im Empfängerkopf existiert die Schande, die vom Beleidiger nur erkannt und herausgekehrt wird.

Es gehört deshalb nicht der Beleidiger, sondern der Beleidigte vor Gericht meine Damen und Herren!

Im Garten dahinter

Ich sitze bereits seit Sonnenaufgang im Garten Gethsemane.
Die Sonne ist vor einiger Zeit hinter dem Ölberg verschwunden und die Luft ist rein und leicht und der Stein und die Vegetation riechen nach Abend. Bereits seit Sonnenaufgang warte ich auf ein Gefühl, aber es kommt nicht.

Es ist recht dunkel und riecht nach altem Stoff. Eine Junge liegt still auf einem alten Bett und schaut eine andere an.

Sie will eigentlich nicht verschwinden, aber heute Nacht geht der Mond zum letzten mal auf, also spült sie sich den Schweiß vom Gesicht, wirft ihr dünnstes Hemd über, steigt zum Fenster hinaus, und geht die Feuertreppe hinunter und verschwindet zwischen einhundert Neonlichtern und Autos in Richtung Rum-Zeichen.

HUNGER

GIB MIR

Höher auf dem zweiten Hügel: Protos Rapid sitzt allein an
einer polierten dunklen Holztafel und schaut zum Fenster
hinaus in den Nacht-Himmel

Die Kammern voller Essen
gepökelter Fisch
drei Kisten glänzende Kartoffeln
Brombeeren Heidelbeeren Stachelbeeren
Minze Koriander Rosmarin 2 große Säcke Mehl
er kocht Snizzle mit Kartoffelsalat
allgemein in einem kalten Steinkrug voll Bier
alles sehr post-meta, sehr klug und
alles nur weil sie ihre Hirnmuschel nicht für ihn öffnet

Ein Großvater stickt in ein Taschentuch:

Karius und Baktus brechen bei dir ein, zwecks negativer
Zahnhygiene und lassen noch ein paar Scheine mitgehen
und fassen dich an - Dunkelziffer wahrscheinlich größer.
Aber E.C. wird sie absaugen.

Der Enkel stört ihm dabei nervös:

Du musst bleiben, du darfst nicht gehen, Opa!
Ich habe ein Loch im Wohnzimmer. Ich tue einen Teppich
drüber. Die anderen beten hinein, und wenden sich dann
der Theodizee und dem Alkohol zu wenn es nicht
antwortet. Es kann doch nichts dafür, es kann nicht
antworten, es ist nur ein Loch, Opa, aber es ist immerhin
ein Loch, also musst du bleiben, bitte!

Der Großvater legt milde die Hand auf den Kopf des
Kindes und sagt: Keine Sorge, Electrolux Comanche wird
dir zur Seite stehen.

Telefonvorhersage:

Auch bei der globalen Gentrifizierung der Südhalbkugel
schämen sich die alten Neuen für die neuen Neuen.

Funktion

Ein zigarrenförmiger offener 12-Sitzer gleitet auf der Schlitten-Ringbahn an ihm vorbei und glänzt. Die 12 glücklichen Arbeiter darin unterhalten sich rege. Er grüßt dem Schlittenwagen hinterher, um für etwaige Beobachter als Einheimischer zu erscheinen, und steckt seine Hand dann schnell wieder in die Hosentasche. Er sieht zu, dass er sich auf regulären Pfaden bewegt, um aus der Vogelperspektive der Kameras nicht abwegig zu erscheinen.

Er kommt zu einer intimen, mit Sonnensegeln überspannten Badelandschaft mit Cafe-Bude. Eine kleine Reihe großer Leute sitzt an runden Betontischen. Die Leute tragen schöne ausgiebige Brillen mit getönten Gläsern. Ein guter Veteran spielt Jazz auf einer E-Orgel. Ein kleiner Wasserfall fließt aus einer künstlichen Erhöhung aus Fiberglas. Kinder auf Armen quieken unter ihm zustimmend.

"Dr. Piotr Matemera bitte zum Visiophon. Dr. Piotr Matemera" sagt ein freundlicher Kopf mit Schnurrbart und großen Koteletten auf einem Bildschirm in ein dünnes Mikrofon, bevor er genauso schnell wieder erlischt wie er gerade aufgeflackert war. Auch hier hellbeige und hellblaue Kleidung, nur sind die Stoffe dünner, die Ärmel kürzer und weiter, und die Ausschnitte bei allen größer. Die, die am und im Wasserbecken sind, sind nackt und haben große, schöne Geschlechtsorgane, beachten das aber nicht. Der kleine Jean-Piere (Säugling, Französische Soviet-Republik) sitzt auf dem Schoß seiner Mutter Marion, die mit ihrer Kollegin Magda aus Lituvia (heute ohne Säugling) privat Zeit verbringt. Freund Marco (mit Tochter Dalia im Tragetuch) sitzt ebenfalls dabei.

Jean-Piere vermag durch die herausragende Erziehung die ihm zuteil wird, Energie in Form von Licht aus seinen Augen abzugeben. Zwei dünne weiche weiße Strahlen leuchtet er auf die Handinnenfläche von Magda - "Oho! So angenehm!"

In der Heringstraße hört einer Plantasia und denkt

Pflanzen und Katzen sind ok.
Ich höre oft nicht zu.
Der Grund ist absolutes Desinteresse.
Ich mag Menschen i.d.R. nicht.
Das ist meine Grundhaltung.
Ich bin skeptisch gegenüber allem was von Menschen
geschaffen wurde/wird/werden wird.
Ich halte sie für aufdringlich, ich bin die Muttergottes.
Sie sind überflüssig und bedeutungslos.
Es macht mich wütend, wenn sie das nicht wissen oder es
verdrängen.
Ich schwebe stets mindestens einige Mü über dem Boden.
Ich nicke oder nicht, aber bin in jedem Fall woanders. Ich
kann bis zu zwei Schachteln Cigaretten, 1,5L Champagner
und 1 Gramm Kokain o.ä., als Werbungskosten von der
Steuern absetzen,
nein der letzte Teil war gelogen.

Tit Morgenstern sagt zu Harm Gertie:

why i howl?
she wants me alright.
but she's got enough,
and i don't.
is cool when i come to her
she's entertained
but she'd never come to me
and she's fine like that.
that's why i howl at night.
why i howl.

Hinter dem Cigarettenschrank in einer Sofa-Ecke:

Der Maler Franz Emmanuel Hundertmarck liest
erotische Fanliteratur über Janine Melnick, die
Sekretärin der Ghostbusters, und hat dabei das linke
Händchen am Säckchen.

Die 13-jährige Kit Rothenstein hat sich als Junge
verkleidet und streitet mit den Direktorenbrüdern
im Reederei-Bureau am Hafen:

„Do not let yourselves be fooled by the fair age of my
mortal shell. Rest assured, the mind within is as keen and
capable as any."

„Fair enough young Sir; and how exactly do you
intend to discover the Venusians among us then, I
shall ask. We own five ships, they could have arrived
on any of those."

DIE STADT IST MIR FREMD UND AN JEDER ECKE WEINT EINE

Auf einem Weg

Zwei tödliche Pillen und Marita Lorenz fahren nach Havanna. Sie verlassen die Stadt durch einen südlichen Tunnel den nur drei Leute kennen. Ihr Chauffeur, ein schöner alter Türke dessen Name sie nicht weiß, stellt ihr auf Französisch folgende Frage:

"Ich habe elf Nieren. Ich verkaufe die zehn schlechtesten an Sonja Zietlow. Wieviele Nieren habe ich dann noch?"

Marita Lorenz antwortet: "Eine einzige."

Herr Atasoy: "Korrekt."

Der leibliche Vater von Zeiss sitzt auf einer Terrasse an der Atasoy und Lorenz vorbei fahren

In seiner Jugend hatte er seinen Lebensunterhalt mit dem Transport von Schildkrötenfleisch nach Portugiesisch-Kanada verdient. In den 1980er Jahren war er dann ein gefragter Studio-Saxophonist gewesen - das Instrument zu spielen hatte er sich selbst (zur See) beigebracht. Was genau er die letzten 20 Jahre gemacht hat weiß keiner hier genau, auch wenn es mancher behauptet. Immer sonntags kommt er jedenfalls hierher auf die Terrasse.

Er denkt: Du nicht!

Weil alles erzählt ist, ist der Irrglaube unter euch verbreitet, eure selbst geordneten Lebensgeschichten würden wie sonstige Geschichten ablaufen, mit Steigerungen, Vorherbestimmungen, Wendungen, Belohnungen, und vor allem mit Endungen - nicht zwingend mit glücklichen Endungen, aber immerhin mit stimmigen, pointierten, sinnvollen. Es gibt aber keinen Sinn. Sinn ist, so wie alle Geschichten, von euch Selbstbewussten gemacht und ihr seid nun mal Versager. Ich kann der menschlichen Existenz nichts abgewinnen außer

süßes, süßes Schildkrötenfleisch.

Sie ist erwachsen, trinkt Kaffee am Morgen, liest eine neue
Zeitung beim Kacken, und hat einen Schlüsselbund. Jetzt,
am Abend, lässt sie sich gesundbeten:

Knie nieder und sei dankbar
für deine Schuld deine Schuld deine große Schuld,
aber wer dieses Brot isst, der wird in Ewigkeit leben, Jesus
liebt mich
ich hab ein großes CAR
Leonard Cohen is a lazy bastard living in a soup
ich bringe den Leuten die Würde zurück
und einen Kaugummi und ich sah dass es gut war aber du
hast Schuld und das Weib generell ist nicht unschlecht aber
grundsätzlich übel.
Daran ist Eva schuld, sorry.
Pardon, Entschuldigung; knie nieder und sei dankbar
dass du überhaupt leben darfst.
Ich präsentiere dir: Gesundheit.
Atme sie ein.

Sieh an was ich tue und gib mir Geld dafür

Zeig mir eine Brücke und ich laufe.
Gib mir einen Namen, ich werde ihn tragen,
mit Stolz und Selbstverständlichkeit
am Montag und am Samstag
nach Paris und unter der Dusche.

Auf der Spiegelterrasse sitzen acht Affen in Clowns-
Kostümen und jonglieren mit Ausreden für ihre Existenz.
Sie wiederholen sich. Ein gelungener Sonntag. Auf der
Spiegelterrasse sitzen acht Affen in Clowns-Kostümen und
jonglieren mit Ausreden für ihre Existenz. Ein gelungener
Sonntag.
Bitte vor dem Geschäft

Eine alte Frau mit einem Rollstuhl sitzt vor dem 24/7
Antiquitätenladen. Sie sieht aus, als sei sie mit dem
Rollstuhl verwachsen. Sie wurde wohl von jemandem
ausgesetzt, zumindest kurzzeitig, so wie man einen Hund
anbindet. Ihr Gesicht ist faltig gezeichnet, ihre Haut spannt
über den Knochen und glänzt. Ihre Augen haben sich über
die Jahre in die Höhlen zurückgezogen, und glitzern aus
ihren faltigen Mulden wie zwei nasse schwarze
Kieselsteine. Sie grinst ausgefuchst und beobachtet
konzentriert einen Hund. Sie wirkt wie ein Mädchen.

Das alte Mädchen parkt also vor dem Laden und schleckt zwei Kugeln Amarena und schaut dem Hund zu. Ein junger Mann kommt ran und sagt etwas. Entschuldigung, Sie haben ihren Schal verloren.

Ich werd ihn nicht vermissen.

Er schaut sich um ob ein Erziehungsberechtigter ... Wendet sich wieder dem alten Mädchen zu. Sie wollen ihn nicht mehr haben?

Schieb dir den Schal in den Arsch.

Aha. Das ist aber nicht sehr nett.

Sie senkt misstrauisch ihre Augenbrauen und schaut ihn an.

Bist du Benny?

Nein. Sind sie alleine hier?

Ja. Hast du Koks?

Nein.

Dann hau ab!

Sie lacht, schleckt dann wieder ihr Eis und schaut weiter den Hund an.

Knecht

bitte knecht
setz dich doch neben mich setz dich doch neben mich setz
dich doch neben mich setz dich doch neben mich setz doch
dich neben mich danke. Wie geht es dir? Sicher? Ja? Wie
geht es dir? He wo gehst du hin? setz dich doch neben
mich setz doch dich neben mich
lovelove llove
oh baby
please
stay with me
oh baby
uhh lala
Infos und Hilfe
unter www.bzga
can't you seee
you're the one 4 meee

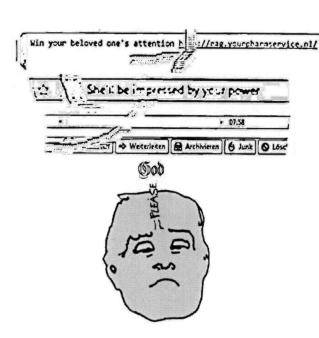

Sandra steht vor einem Projektor

'Von mir erzählt zu werden ist das beste was dieser Geschichte je passieren konnte' Er begibt sich absichtlich in Kraftsituationen um seine Fitness zur work-life-blance fuck blablabla mir ist das ja echt egal performance supervisor liquidity manager selfie --> soft skills mir ist das   ja   echt   egal   performance   boa   ne

Sie wirft den Stift hin und geht lachend aus dem Zimmer.

Die Nordamerikanische Moderne hängt von einem
Fahnenmast und kuckt in die Straßen herunter und pfeift
dabei

Wer hat die Stadt gebaut Wer hat den Lohn gedrückt Wo
kommt die Stromlinie her Wer hat den Highway aufgebaut
wer hat den Highway wieder abgerissen Wer schreit im
Ghetto Wer hat das Neon angemacht Wer hat das Gedicht
gemacht Wer schläft vor der Flasche ein Wer hat das alte
Land verlassen und singt doch darüber Softeis Hamburger
wer hat das Atom zerhauen mit dem Auto in der
Schweinebucht   Wer
zieht die Fliegen an die Schlachtfabriken, so wie die
Fabriklichter und Autolichter und Kneipenlichter die
Bauernjungen in die Stadt ziehen Wer hat den Kühlschrank
gemacht aus dem die Frau mit dem Balkon ihre
Medikamente holt

Der Mann "Malaria" mit weißen Koteletten sitzt in einem
Korbstuhl, er beobachtet die Frau die sich Medikamente
holt über eine Häuserschlucht hinweg.

Ich habe mir einen Durst angetrunken in Indien. Ein
Offizier und ein Lazarett-Arzt hatten mir unabhängig
voneinander zu verstehen gegeben, der Gin helfe gegen
das gelbe Fieber. Also trank ich ihn wie alle anderen,

gemischt mit tonischem Wasser. Meistens nicht übermäßig, aber dafür jeden Tag. Seit dieser Zeit habe ich den Durst. Wenn der erste leer zu drohen wird, bestelle ich den zweiten. Ich bin gewissermaßen zu einem Fass mit unerkennbarem Boden geworden. Diesen Durst habe ich mir erworben. Ich könnte ihn auch wieder wegwerfen, so simpel wie ich ihn aufgenommen habe. Aber ich möchte nicht. Solange die Sonne scheint bin ich mir sicher, aber wenn der Mond regiert, dann kommt auch der Gin. Der erste sagt *Ich bin gut*, der zweite sagt *Ich bin kein Schaden*, der dritte sagt *Ist doch sowieso einerlei*. Und so verbringen wir die Nacht zusammen.

Er lehnt sich zu weit aus seinem Korbstuhl heraus, weil er der Frau hinter dem Balkontürfliegennetz im Haus gegenüber auf die vollen Brüste sehen will als diese ihre Medikamente aus dem Kühlschrank holt. Sein Torso bekommt Übergewicht, und Malaria bricht durch sein morsches Holzgeländer und stürzt zehn Stockwerke nach unten auf das Pflaster. Der Frau gegenüber, durch deren Wohnung ich weiterziehe, hat von all dem nichts gemerkt, denn sie trägt Kopfhörer aus denen laut „Pourquoi" von Les Z schwingt.

Mantra rauchen

In einem Raum im zweiten Stock an der Ecke des Gebäudes, hinter halboffenen Fensterläden, steht neben einem gepolsterten Stuhl der Schauspieler Aamir. Er liest in einem Heft und denkt darüber nach, wie er am besten Mangal Pandey darstellen soll.

Unten auf der Straße fließt zäh ein Zug gläubiger Schuldner vorbei, an ihrer Spitze ein junger Mann aus Malaga der sich als Jesus aus Nazareth verkleidet hat und ein Kreuz schleppt. Die Nachhut des Umzugs ist knapp vorbei, als Malaria aufs Pflaster knallt. Sein Schädel platzt durch den Aufschlag, und es spritzt Menschenfetzen über den Gehsteig. Leute schreien. Der Umzug ist aber schon um die Ecke und in die Geräuschkulisse des Hermesplatz eingetaucht.

Der Zug lemmt vorbei an einem großen Stein, auf den jemand gehauen hat bis der Stein die Form von Otto von Bismarck-Schönhausen hatte. Er steht in der Mitte des Hermesplatz.

Auf einer Steintreppe am Rand, entspannt ein dutzend Bürgerkriegs-Reenactment-Veteranen bei einer großen Limo, einer sehr großen Limo für alle. Das Getränk stärkt das wertvolle Gemeinschaftsgefühl.

Im dritten Stock, über Aamirs Zimmer, schneidet eine Tochter ihrer Mutter das Gesicht vom Schädel und hängt es zum Trocknen auf.

Im vierten Stock kopiert ein da Vinci Schüler die Mona Lisa. Alle leuchten und machen Sinn.

Auf dem Dach sitzt die Bergnymphe Echo und reibt sich eifrig ihre nasse Vulva. So entsteht Regen.

Sie hat ein Camping-Radio dabei, daraus kommt: Nada - Ma Che Freddo Fa

Ein brennender Teufel

hat Aamir gesteckt, die Trieste hätte rund 70 kg weniger gewogen nachdem sie an die Oberfläche zurückgekehrt war. Die Frage ist: Was haben die Atlanter behalten, und hat Picard es ihnen absichtlich geliefert? Oder wen?

Auf der anderen Seite dieses Hauses, das einmal strahlend blau gestrichen war, fährt ein Auto mit einem Geheimnis im Handschuhfach vorbei

Ich und der andere Mensch fahren die Straße entlang. Er ist der zweite von Zweien insgesamt. Meine Haut fühlt sich zu eng an. Auf der Heckscheibe steht in elektrischen Lettern:

Ich will keinen Schnaps Ich will kein Essen Ich will kein Dach Ich will kein Vaterland Ich will keine Muttersprache Ich will Diana oder Jenny

Ein Mädchen in seinem abgesperrten Zimmer macht eine
Ich-packe-meinen-Rucksack-Trockenübung

Ein paar Bananen, Balsamico und Malstifte für mich, drei
Auberginen und ein Schälchen Brombeeren für sie. Sie
mag Auberginen und Brombeeren. Ich weiß nicht warum.
Sie isst sie nicht einmal. Sie will sie nur ansehen. Ob sie
traurig sein wird wenn sie vergehen? Oder kann man die
haltbar machen? Erstmal egal. Eine Flasche Wasser mit
frischer Minze. Kekse. Ob sie mich einmal zur Venus
mitnehmen wird?

Venusier?

Yuki-Onna hat sich blicken lassen, la femme rouge aber noch nicht, obwohl sie reichlich Gelegenheit dazu gehabt hätte, zum Beispiel bei dem Männchen auf dem Friedhof oder den Dampfenden. Das ist recht unüblich.
Und jetzt the Venusians? Ich bin ein Sommerabend, und ich werde neugierig. Das ist ebenfalls unüblich.

Ich beschließe die große rote Frau zu suchen. Dazu geleite ich in Spiralen durch Grat, und fange dort an wo ich noch nicht war: Am Färber-Graben.

Hier hat eine Globusmacherin ihre Werkstatt. Sie arbeitet noch spät. Daneben ist ein Nachtcafe. Dort:

Fort Worth steht auf einer getatterten Ledercouch. Um ihren Schädel kreisen die Zwergplaneten Eris, Haumea, Makemake, Ceres, und Pluto. Eris stößt bei jeder Umrundung an einen Lampenschirm aus Blech und kichert. Niemand beachtet sie.

Das ist auch kein Szenario wie ich es suche. I move on. Die Geisterbahn Richtung Einsteinstr. kommt vorbei

Eine genau geschminkte Mutter in einem geputzten Raum mit zwei jüngeren Männern randaliert

Of course it's on me to judge you! It's my goddam right to judge BECAUSE I was not here! I left this company half a year ago - in mint condition. Now I'm forced to lay my sore eyes on the fact that you've run down this place so far, that the only one left who is willing to be our head of financials is A GIANT EGG!

For gods sake, he has a name, mother!

YOU NAMED IT?!

My name is Eckhart, Madam.

IT SPEAKS! Lord help us. Call a priest!

Im Kiosk gegenüber der Haltestelle zwei junge Leute: Ich mache Cafe

Ich versuche das Ergebnis gleichmäßig auf die zwei Tassen vor mir aufzuteilen. Ich scheitere. Ich gebe ihr die Tasse mit mehr Inhalt. Meine Stigmata jucken kurz auf.

Es wird zwei überlieferte Beschreibungen geben, zu dem
was sich gerade auf dem Dach zuspitzt über das ich weiter
wehe

1. Boy meets girl. girl wants boy boy wants girl boy wants
girl more than girl wants boy boy gets drunk accidently
falls off of high building maybe

2. Sie wollte nicht, er war leer. Er saß auf einer hohen
Kante, und hat sich so weit nach vorne geneigt, dass er
hinunterflog. Während er fiel, lachte er. Warum weiß ich
nicht.

Ein beinahe politisierter Bildfeind erkennt, dass
Gegenteiligkeit unfrei ist, so wie vor ihm hundert Tausende

You must be my enemy
Pleased to meet you
Someone to shoot at
I see what I'm not
For if I'm your adversary
And you are mine
Only light means shade
Each other we define
Alluring the contrast
Identity compass
aber
The ward's opposite
Is a prisoner.
achso

Um die Ecke: Große Empfehlungen

Große Empfehlungen und heute regnet es nicht.
Arab Star, große Emotionen auf Mittelwelle
letzte deutsche Welle.
Ich möchte schlafen, aber kann nicht.
Ich bin ein schlechtes Omen,
ich hab das erste Auge und die dritten Zähne,
ich hab die Regeln nicht gemacht,
an einen Schlaf kann ich mich nicht erinnern.
Rule Insomnia.
Until it bleeds into my Kreislauf and poisons me.
Then I vomit,
vergeblich.
Ja geht schon aber ansonsten nichts besonderes eigentlich.
Tankred hängt am Lido ab naja
schon okay.

Ich war ein einfacher Bauernjunge, und jetzt habe ich
Beischlaf mit Schäferhunden, sammle, bespucke und
laminiere die Post fremder Leute und vergifte meine Frau
mit Branntweinessig – microdosing.

RULE INSOMNIA

INSOMNIA RULES THE WAVES

Ein Sohn mit langen Haaren erzählt seiner Mutter mit Glatze ein Erlebnis. Sie sitzen bei einer Kerze zusammen und snacken Oliven. Der Titel der Geschichte in seinem Dauergedächtnis lautet:
Auf der Alm gibts keine Sünd - Die kolonialistisch überhebliche Zwangshandlung sich um die Belange anderer zu kümmern

Vor zwei Wochen sitze ich vor einem Wirtshaus und das Wetter ist mild. Ich sehe einen Mann den Hang hochstapfen - er rollt einen Privatkäse den Berg hinauf. Ich denke einen Moment lang über ihn und seinen Käse nach, und wende mich dann wieder meinem Essen zu. Doch durch seine Besonderheit zieht er schnell die Blicke der anderen Gäste auf sich, so wie er meinen auf sich gezogen hat. Sie fangen an verhalten miteinander zu reden während sie unter gesenkten Brauen heraus mit ihren Augen auf ihn zielen.

Als es sich nicht abzeichnet, dass er sich in den letzten paar Metern bis zu unserer Position in Luft auflöst, stehen vier Leute mittleren Alters auf, versichern sich kurz ihrer Einigkeit und Rechtschaffenheit, und schreiten auf den Käse-Mann zu. Dieser hatte wohl schon vermutet, dass ihm Argwohn droht, und reagiert gelassen als er angesprochen wird.

"He! Was wird denn das da?"

"Wie bitte?"

Der Interceptor schaut sich kurz um, senkt seine Stimme, kuckt dem atmenden Käsemann ins Gesicht und sagt

"Na was wohl. Dieser ... dieser Privatkäse da"

"Was soll schon damit sein? Ich rolle ihn den Berg hinauf zu einem Freund."

"Ja ist dir noch zu helfen?!", zischt der zweite, "am helllichten Tag in aller Öffentlichkeit!"

"Das soll nicht eure Sorge sein. Habt ihr nicht selbst etwas zu verspeisen? Kümmert euch doch lieber darum, sonst wird euer eigenes Essen noch kalt."

"Du legst es wohl drauf an was? Denkst du, du bist der erste den wir uns vorknöpfen?"

Ich taste in meiner Hosentasche nach meinem Messer, ohne auch nur eine blasse Ahnung zu haben was ich damit anfangen würde. Nur zur Sicherheit. Der Mann mit dem Privatkäse stemmt unterdessen seinen Fuß unter den Käse, damit er nicht wegrollt, richtet sich auf und atmet einmal tief durch. Er spricht deutlich:

"Dies ist ein Privatkäse - und zwar nicht irgendeiner sondern meiner. Lassen sie mich gefälligst in Frieden mit ihm machen was ich will".

"Ja dann behandeln Sie ihn gefälligst auch so, und lassen ihn bei sich zuhause im Schrank! Was rollen Sie ihn denn dann öffentlich herum!" sagt die dritte.

"Das ist die einzige Auffahrtsstraße die zur Hütte meines Freundes führt."

"Na und das gibt dir das Recht ihn so zur Schau zu stellen!? Damit nicht genug, es sind Kinder hier anwesend, Mann! Willst du die etwa verstören, oder schlimmer noch, zur Nachahmung bringen?!"

"Es ist überhaupt nichts verkehrt an meinem Privatkäse. Und ich könnte mich nicht erinnern Ihnen das Du angeboten zu haben. Und was die Kinder angeht: Wenn sie euch beim Essen zusehen, sind sie dann weniger der Nachahmung gefährdet? Wohl kaum."

"Uns nachzuahmen ist erstrebenswert du Vogel, treibs nicht zu weit!". Jetzt wird der zweite laut.

Den Rest konnte ich nicht mehr genau hören, da das Gerede der Leute auf der Terrasse um mich herum zu breit angeschwollen war und meine Ohren verstopfte. Eine die neben mir saß meinte, es bräuchte eine gesetzliche Regelung für solche Situationen. Sie wolle ja nicht den Zuchtmeister spielen, aber ein gewisses Maß an Ordnung müsse nunmal sein.

Ich verlasse das Zimmer durch den Boden. In einem
Nachtclub tief darunter, unter der Erde: DESIRE

Harm, Medizinfrau, Frau R., das Tigermädchen, und
MDMArmin kommen kurz vor Mitternacht. Alle vielleicht
under the influence, oder auch nicht. Ich arbeite bis drei,
und dann nicht-tanzen. If you wanna hang out you got to
let it all out. Luke betet um Nüchternheit, aber es passiert
nichts. T.M. will will will mich tief einsaugen, einkrallen,
fest pressen, aber darf nicht. Sie möchte mich aufessen,
aber muss muss hungern. M. will ihn haben dürfen, aber
darf nicht. H. reißt mich im Nebel an sich, keiner darf das
sehen. Meine wäre gern da, aber ist weit weg. D. hätte
gerne einen Sinn in der Existenz aber findet keinen. A.
hätte gerne keinen Lungenkrebs und keine Ehe, aber muss
beides behalten. Allen serviere ich Schnaps. Alle weinen
zuhause im Dunkeln,
kollabieren in den Küchen,
schlafen in den Duschen und Badewannen.

Ich bin eine Sommernacht; ich bin kein Internet, aber kann es empfangen. Snapchat-Gespräch:

Zusammen Töten
Wir töten kollektiv.
Bewusst, geteilt, jeder allein und alle zusammen.
23 Seelen, in einem Kreis auf dem Bergkamm aufgestellt und nach unten blickend
jeder mit dem Gewehr im Anschlag.
23 Seelen, die konzentriert sind und übereinstimmen, eine Instanz.
Die Ziele haben so gehandelt, dass sie nicht länger zu den Unsrigen gehören. Sie selbst haben sich so entschieden.
Sie kannten die Konsequenzen, dachten aber sie könnten ihnen entkommen. Die Leichen verkaufen wir auf ebay.
Das Geld das wir für sie bekommen verbrennen wir.
Das ist unser Weg. So ist es gut.
Zugestellt und gelesen

Die Turmuhren schlagen zwölf. Im Dunkeln am Fluss hört man das Mitternachtsläuten gut, der Schall klingt über das Wasser heran

Mehrere Personen stehen bis zur Hüfte im Fluss. Ein tragbares Radio, das an Land steht, spielt „Pissing in a River" von Patti Smith. Die Personen reden. Mit viel Pause und in die Ferne schauen.
Ja. Ist schon noch a bissl kalt noch.
Ja. Der Bauchnabel is so eine Grenze.
Wenn man das mal hat Ja
und Wenn man erstmal drin ist.
Genau Ja
Wenn man sich bewegt
vor allem wenn man nur rumsteht, kühlt der Körper aus.
Mhm.
Man soll auch nicht so schnell reingehen.
Herzinfarkt bekommen!
Gleich   nach   dem   Essen   auch   nicht.   Ja.

Ein Mann mit Schere, der im Gebüsch kniet, schreibt morgen über heute Nacht:

Neugier auf langweiligen Inhalt
Die Nacht in der ich sie öffnete befriedigte nicht nur meinen generellen Drang sie aufzuschneiden, sondern euch meine Neugier danach aus was sie gemacht sei. Zu meinem leichten Erstaunen bestand sie hauptsächlich aus gräulich aufgeweichtem alten Rosenkohl, der von einem zähen Pilzwurzelgeflecht zusammengehalten wurde, und einem trockenen Stück Schinken.

Im Bierkeller unter den Kastanien am anderen Ufer, auf einem halb-leeren Bierfass, sitzt Lasko mit einem Lappen über der Schulter. Seine Beine reichen nicht zum Boden. Er denkt:

Ich bin in Odessa am Bahnhof, es hängen viele stramme Metallkabel über der Straße; die dickeren Kabel für die Trambahnen, die dünneren Kabel für die Blech-Laternen in denen elektrische Glühdrähte sind. Die Sonne scheint, man ist geschäftig. Von oben durch die Fensterläden betrachtet, kreuzt ein Mann in einem dunkelgrünen Anzug unter einem dunkelgrünen Hut zügig die Kabel. Er hat das Kryptex im Koffer. Der Mann steuert nicht den Hut, der Hut steuert den Mann. Das war vor zweieinhalb Wochen.

Dass das Kryptex hier bei mir Keller landet, hätte ich niemals geglaubt. Ich muss schnell wieder in die Stadt zurück bevor mein Mann etwas merkt.

In dem Biergarten darüber sitzen einige Leute. Der Eisbär, den ich schon vorhin angetroffen habe, der mittlerweile hierher weitergereist ist, ein Alter mit Bart und blauen schwammigen Tätowierungen, erzählt einem Ring Kindern vom Leicester Prophet. Sie durften ausnahmsweise noch so lange wach bleiben.

Und so begab es sich um jene Zeit in Leicester, dass er nachts eine schöne Stimme singen hörte und dachte sie sei geträumt. Aber auch andere hatten sie gehört. Bald sang sie irgendetwas chinesisches, bald It's now or never Elvis. Ein paar mal die Woche. Immer nachts, immer mit größter Begeisterung. So auch wieder diesen Sonntag.

Er hatte sich vor einer Weile auf sein schmales beige-grünes Bett in seinem schmalen beige-grünen Raum gelegt, konnte aber wie so oft nicht schlafen und schaute ziellos durch die Gitterstäbe vor seinem Fenster in die Nacht. It's now or never...

Als der Sänger am Fenster vorbeiging konnte er ihn für einen kurzen Moment sehen. Eine Gestalt in leuchtend weißen Klamotten ging federnd über den Parkplatz auf den der Pizzamann immer das Gras und das MDMA lieferte. Eine Gestalt mit einem seltsamen großen Apparat auf dem Rücken, eine Gestalt die wunderschön sang und sogleich wieder aus dem Blickfeld war, wie ein strahlender Geist am anderen Ende eines Ganges. Aber der Gesang klang noch nach, bis er langsam im Geschrei der ausrastenden Suffköpfe vor der Bar verging.

Ich mache einen Wirbel und düse in meiner Spirale wieder in Richtung Stadt zurück. Kreuzung Limmatstr. und Langstr., 2 boys und 1 girl

Das Bordklo hatte ich zuerst nicht gefunden. Später dann schon. Außerdem: Die Kneipe wo wir in der ersten Nacht des Jahres waren, und uns über das Töten unterhalten haben. Ein kleiner starker Bergmensch grinst irr aus seinem grauen Draht-Bart heraus, freut sich über die bunt verspiegelte Sonnenbrille die er gestohlen hat, und gibt uns Ratschläge die wir nicht verstehen. 2 Meter weiter ist die Minute ständig kurz vorm überschäumen, weil einer prellen wollte, alles glüht dunkelrot und ist zu langsam dafür dass es schnell ist, und einen halben Meter hinter uns schwebt ein älteres Ich ein kleines bisschen über dem Boden um den Anschein von Stehen zu vermitteln, schweigt, und hätte uns zur Seite gestanden, wäre die Kneipe implodiert. Die Musik war candy coloured clown time.

Es ist heiß. Sie hat Stiefel. Sie ist Chef. Sie ist lang. Die halbe Schweiz träumt von ihr. Andrea, Sabine, Luisa und Aylin laufen vor Neid rot an wenn sie an sie denken. Sie hat den schönsten Hals und sie kippt anmutig und zweifelsfrei den zehnten Schnaps. Wir treiben gemächlich langstraßenabwärts.

Die Langstraße sieht aus wie eine Filmkulisse und fließt durch das Tal der Ultravixen. Das schönste Haus heißt Roland. Hier fühl ich mich wohl. Wir sind zu dritt. Wir waten im Neonlicht durch die Plastikbecher ans andere Ufer der Straße. Sie ist ein schöner Mensch, die Ahnen sind bestimmt stolz auf sie. Wir braten Fische und Gemüse, und ärgern uns, dass unsere Frauen nicht gleich zum Essen kommen, sondern über Bauplänen reden. Tramhäuser und Bars mit den schlanken ausladenden runden Dächern, die Dachterrassen, und der Balkon. Wir rauchen viel Parisienne und der Wein ist gut und es gibt genug davon.

In der Residenz ergreift einer vor einem erlesenen
Gremium das Wort

Im Frühjahr 1928 haben sich Trotzki und Nemo
zusammengetan.
Sie sind mit dem Unterwassergefährt das wir nach wie vor
nicht zuordnen können in unrealistischer Geschwindigkeit
fast bis zum Pol vorgedrungen. Fitzpatrick schreibt: Was
sie vorhaben versucht Kirschbaum herauszufinden. Wir
haben allerdings seit zwei Wochen keine Meldung mehr
von ihr erhalten.

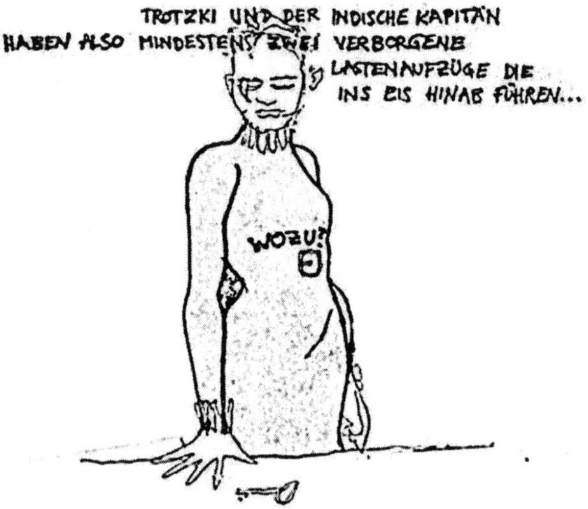
TROTZKI UND DER INDISCHE KAPITÄN
HABEN ALSO MINDESTENS ZWEI VERBORGENE
LASTENAUFZÜGE DIE
INS EIS HINAB FÜHREN...
WOZU?

Auf einer Rampe sitzen zwei Gabelstaplerfahrerinnen. Der Mond scheint

I need to talk.

Will you listen? And will you keep silent about it? That is important.
If you won't keep silent about it, I will not talk, I will not speak to you at all.
You will?
Don't be flip about this. If you talk, you'll break a proper promise. You will be a traitor and a liar and a toad without a bone in my eyes, in god's eyes, and in your very fabric. And I will be angry. And I shall ventilate that anger in violence against you. Do you fully under stand that?
Stop laughing. It's about the Kryptex.

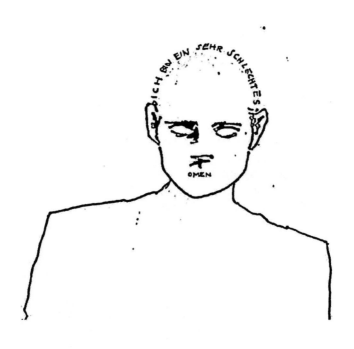

Die Rote ist nirgends zu sehen. Ich wende mich nach oben. Luna scheint noch wach zu sein. Die Trabantenwacht Rita M'Benge (EXTRAPOL Leutnant) im Gespräch mit der Pfarrerin Mourvet ASDF346 Morearty, die Freiwilligendienst auf dem Mond der Erde leistet. Position: Internationale Gebietskörperschaft Luna, Global Observer Argus Norte 2309 Campanus

RM: Für eine Frau Gottes reden sie überraschend viel vom Wetten.

MM: Für Sie überraschend. Hier wetten alle.

RM: Gibt es nichts besseres zu tun auf der leuchtenden Luna?

MM: Täuschen Sie sich nicht, Erdling. Die Luna war ein Sehnsuchts Ort, jetzt ist sie ein seltsamer kleiner Vorgarten mit dichten Hecken. Sie verstehen? Wir haben knapp 300 dauerhaft Ansässige hier. Nicht nur das Tranquilitatis Kloster, der ganze Trabant ist eine Enklave! Gerade die Minenleute sehen Besucher mit Argwohn an. Die Abenteuer-Touristen sowieso, die Streuner auch, und Sie wird es ebenso treffen, Schnüffler.

RM: Ich kann sehr freundlich wirken.

MM: Wird Ihnen nicht helfen.

RM: Wollen wir wetten?

MM: Da könnten sie genauso gut gegen den Erdaufgang wetten. Hm zurück zu ihrer Frage jedenfalls: Das Programm sammelt im CIC die Satellitenbilder. Wenn das Texterkennungsprogramm S.O.S oder einen entsprechenden Bar- oder QR-Code erkennt, schlägt es Alarm. Das war alles schnell aufgesetzt, im Prinzip ist das eine Kopie der satellitengestützten Seenot-Rettung auf Gäa.

RM: Verstehe.

MM: Sehr gut. Entscheid

RM: Halt. Doch nicht.

MM: Was denn?

RM: Woher soll hier ein QR- oder Bar-Code kommen?

MM: Die sind auf Folien gedruckt Bestandteil aller Not-Kits. Hat jeder Druckanzug. Ungefähr vier Quadratmeter groß. Breitet man einfach auf dem Boden aus, wenn man aufgegriffen werden möchte. Ich wette auch Ihrer hat eines. Wurden Sie nicht eingewiesen?

RM: Äh. Nein.

MM: Das werden wir später nachholen.

Also, entscheidend für Ihre Untersuchung ist hier: Der Alarm muss in jedem Fall von einem geschulten Menschen validiert werden, bevor er als Kommando an die Rettungskräfte geht. Das ist, um glitsch-basierte Fehlalarm-Starts zu vermeiden. Das System funktioniert gut, wir hatten seit der Einführung 2003 nur einen einzigen tatsächlichen Fehlstart.

RM: Und?

MM: Wenn ein Alarm nicht hier angenommen wird - weil das wachhabende Personal schläft, auf einer Toilette ist, gerade einen Schlaganfall hat, et cetera - wird er nach 60 Sekunden automatisch in den dritten Stock zur Einsatzleitung runtergesendet, damit die ihn beurteilen.

RM: Und?

MM: Und die müssen ebenso nachsehen warum die Wache hier oben nicht reagiert hat. Am fraglichen Abend wurde gegen 2100 ein Notruf in den dritten weitergeleitet,

woraufhin festgestellt wurde, dass der Posten verwaist, und
Herr Kemp nicht auffindbar war.

RM: Ohhh!

MM: Bei der folgenden Befragung hat er hochrot
angegeben zum fraglichen Zeitpunkt mit Frau Meneur im
zweiten Stock zum Kartenspiel verabredet gewesen zu
sein, was diese auch schriftlich bestätigt hat.

RM: Hm. Ein Alibi. Vorläufig. Aber wer sonst sollte den
Staubgärtner zerlasert haben...

MM: Das ist ja dann wohl die Aufgabe von EXTRAPOL,
was? Wenn wir schon keine ordentliche eigene Polizei und
Justiz haben.

RM: Halten Sie es nicht für poetisch angemessen, dass die
Luna sich nicht der Schwerkraft des irdischen
Rechtssystems erwehren kann?

MM: Ich halte es für angemessen, dass Sie mir jetzt einen
Kaffee machen, wenn Sie mir schon nichts von der Gäa
mitgebracht haben außer zwei Säcken Fragen. Ich suche
solange die Akte heraus.

RM: Das ist würdig und recht.

MM: Amen.

Hier ist sie auch nicht. Ich tauche wieder zur Stadt

hinunter. Ein aufgeschlagenes Buch liegt in einem leeren Raum.

„Der grönländische Nordgürtel ist der einzige Ort auf der Welt, an dem Luftfeuchtigkeit und Luft-Temperatur so zusammenwirken, dass der Mitose-bedingte Zuckerausstoß der Distelblüten noch auf der Blüte kristallisiert. Nicht unähnlich einer enormen Perle, formen sich dadurch über einen Sonnenlauf hinweg üblicherweise ein bis drei Speiseeiskugeln pro Blüte, die je nach Bodenbeschaffenheit, sowie Geschlecht, Alter, und Sorte der Distel-Pflanze mal fruchtig mal minzigtorfig schmecken. Es ist Tradtition unter Jaoken Kindern, diese in der Blütezeit von Juni bis Juli zu ernten und für ein großes Kjahsjn-Fest, eine Art Sonnwendfeier, zu sammeln."

Neben dem Buch liegen eine Sachsenfeder, eine Packung Tampons, eine Sonnenbrille, Boot-Tickets. Es riecht nach leckerem Fisch. Ein Rest gebratener Kirschenhering glänzt auf einem blauen Teller, und ein fast ausgetrunkenes korsisches Kastanienbier steht daneben. Santa Labia windet sich unter dem roten Laken auf dem weiten Sofa und masturbiert.

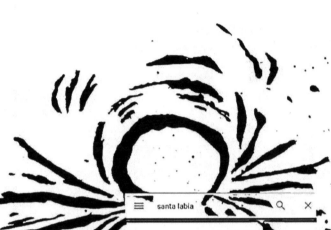

Wir konnten *santa labia* nicht finden.

Achte bei deiner Suchanfrage auf die korrekte Schreibweise. Versuchen Sie, eine Stadt, ein Bundesland oder eine PLZ hinzuzufügen.

Auf einem Blechdach in ihrem Kopf

Du wirst niemals anfangen und warst niemals vorbei
Mülltonnen und Abgas von Mofas Der Feigenbaum vorm
Fenster Es ist heiß auf dem Altar Diese Liebe hängt an
keinem Faden und passt in kein Grab Sie wächst von unten
durch den den Teer und macht dass die Luft flimmert Es ist
heiß auf dem Altar Die letzte Zigarette zwischen zwei
Fingern auf einer alten Matratze zwei Katzen und der Putz
schmilzt von der Wand Auf einem heißen Blechdach Auf
einem heißen Altar.

In einem kleinen Dachgarten auf dem Nachbarhaus

Auf dem Boden sitzt eine bläulich schimmernde Person mit eintausend Haaren und rasiert sich das Glied, damit sie attraktiver werde. Sie möchte gelobt werden, sagt das aber nicht so. Zwei Unterirdische pflücken von unten die ganzen Blumen von der Wiese. Sie fragen die Person, abgedämpft und schlecht verständlich durch die Erde: *Was ist das lustigste was du je versucht hast zu pudern (Menschen ausgeschlossen)?*

Eine Magnet-Lokomotive fährt laut scheppernd auf einer
Hochbahn über den kleinen Dachgarten. Zugfenster,
dahinter ein Mensch

Schafe zur Rechten
Freude dir brächten,
würde dein Leben
nicht so verkleben.
und
Schafe zur Linken
können nicht winken,
weil haben keine Hand frei

Neben einem Wassertank, drei Stockwerke über dem Dachgarten, hinter drei geschlossenen Fensterläden. Rubinrot schimmerndes Blut bedeckt den Boden. Sägen & Tanzen

Ein unbeteiligter Beisitzer summte *There's a darkness on the edge of town*. Hinter dem Tresen stand ein enormer Fisch der mir wortlos Bohnen herüberschob. Mein Nachbar war rot, hatte schöne Hörner und stellte sich als Ulli vor. Wir tranken eine Cola zusammen, bevor er weiter nach Atlantic City fuhr und ich in die Sonne schaute. Jetzt bin ich halt hier. Was soll ich sagen. Ich bin ein entfremdeter Soziopath Mitte 40 und habe Geld übrig. Und jetzt frag nicht weiter sondern säg und tanz dabei.

Was der Mann da nicht weiß, ist dass er damit Vampire anlockt. Ich sehe zwei am Schornstein lehnen, als ich weiterziehe.

 IST NICHT OFT
IM HANDEL ERHÄLTLICH

ES GIBT
NUR WENIG

OHNE GRAT
NICHT FICKEN

WIEDERGEBURT

Ich werde wahrgenommen als die erste Sommernacht,
unten in der Straße

Es ist der Beginn des Sommerlochs im Grabenviertel.
Lenny und ich sitzen draußen unter den Markise auf dem
Gehsteig - er auf einer Urquell-Kiste, ich auf einem Stein-
Vorsprung. Stiefel Hosenschlag Limo Schallplatten
Bestatter Versicherung Straße Mofa Hummer dunkel und
sehr warm Asche geräucherter Lachsfisch.
Der Durchsichtige fliegt vorbei.
Summer Madness in der Altstadt oben, aber hier unten sind
die Lokale schlechter besucht als sonst. Später wird es
immer noch dunkel sein und immer noch fünfunddreißig
Grad haben, mein Habitat. Ich sitze zur Straße, trinke einen
Krug Bier, rauche eine Kippe und warte. Ich schwitze. Ich
bin keine faule langweilige Trinkerin die von Größe und
Aufregung träumt, ich bin Genuss-Privatier. Ich denke
über eine Unternehmensgründung nach, Schildkröten-
vertrieb, und muss mir bald Notizen machen um Ordnung
im Kopf zu behalten. Dutzende Katzen kommen, hängen
auf den Simsen und warmen Vordächern und
Mülltonnendeckeln ab, um mir beim Denken zuzuhören.

Die außergewöhnlich kluge Shirin (14) fängt an auf ein Papier zu schreiben

Über den Unsinn eine Kirche zu reformieren
von Shirin Maria Koto

Die Leiche von Gunther von Hagen ist von innen
beleuchtet und hängt mit dem Gesicht nach unten über
dem Bett des Papstes.

Sie nimmt noch einmal die Finger der linken Hand vom Stift und greift nach einem Glas Sprizzerwein, das sie aus dem Wein den sie aus dem Holzschrank ihrer Mutter und etwa gleichviel Soda gemischt hat.

Die Cheffin vom Mantra, die im Grabenviertel ihre
Privatwohnung hat, sagt zu einem kleinen Spiegel:

Ich habe mich noch nie leiden können, und werde wegen
dir nicht damit anfangen.

In der Nachbarwohnung steht einer nackt mit einem
halbsteifen Schwanz in der engen rechten Faust vor einem
großen Spiegel:

Ich bin der Uptempo Fotzen Tycoon. Heute gehe ich
richtig schön mit Kraftmann Schnaps saufen. Er hat seinen
Vater geschlagen und dem Gegner die Eier abgerissen. Ich
öle den Volkskörper ein. Teufel Teufel. Ich habe ein Loch
im Arsch aus dem nichts als Scheiße kommt. HUHU

Darunter, in einem beinahe leeren Restaurant mit
Papiertischdecken, lässt ein stolzer Bewältiger seinen
Zuhörer beim Hauptgang wissen:

Da ist nichts ordentlich aufgearbeitet. Ist ja klar, Italiener.

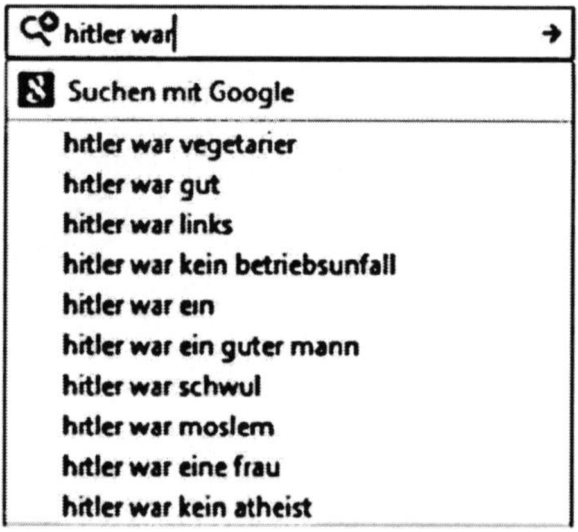
hitler war
Suchen mit Google
hitler war vegetarier
hitler war gut
hitler war links
hitler war kein betriebsunfall
hitler war ein
hitler war ein guter mann
hitler war schwul
hitler war moslem
hitler war eine frau
hitler war kein atheist

In der linken hinteren Ecke des Restaurants lächelt ein
Milieutourist unsicher, in der vorderen denkt ein
Besoffener besoffenes Zeug

Stroh 80
Niemand hat die Absicht eine Mauer aus Schnee zu
errichten. JAG
Im Auftrag der Ehre
Ich möchte Liebe geben (und meine Haare sind
gewachsen), dem Menschen der die Radiostationen
gemacht hat in GTA
und der meine Bilder gerahmt hat mit Äpfeln aus Kairo.

It is dark and I am lit, und noch einen,
niemand trinkt Stroh 80 außer mir.

One man's trash is another man's treasure. One man's
poison is another man's meat. One man's treasure is
another man's trash. One man's meat is another man's
poison.

Yukiko hat Giuseppe rausgeworfen, ich hingegen würde
ihm einen Monatslohn zahlen wenn er mir hier und jetzt
meinen Penis küsst.
Niemand trinkt Stroh 80 außer mir.

Einer geht im Dunkeln aus der Arbeit im Keller und weiß, dass er vom Stillen verfolgt wird. Weder die Schneefrau noch die elektrische Rote wissen, dass der Stille existiert, nebenbei gesagt. Er ist nicht Rott Orlock, auch wenn sie sich ähnlich sehen. Ich bin eine Sommernacht.

Der Stille ist immer dort wo du nicht hinsiehst. Er bewohnt die Dunkelheit in deinem Rücken und deine Augenwinkel. Er schweigt. Er sieht mir zu.

Ich spuke durch die Stadt, wehe dem Wind ins Gesicht, ich bestimme: zwischen Dreieck Holledau und Kreuz Bibelried 5 Meter Stau, alles nur um mich zu beruhigen. Der BleicheStille ist da, wo auch immer ich hingehe. Er geht durch Alle und Alles. Ich kann nicht entkommen, aber das muss ich vielleicht auch garnicht. Ich werde abwarten wie er sich verhält.

Im Zimmer einer toten alten Frau

7 noch lebendige Leute. Einer: Peter sitzt neben mir im Sessel und lacht. Gleichzeitig steht eine Kopie von Peter vor der verschlossenen Wohnzimmertür, hat ihre Hand auf der Klinke, aber drückt sie nicht.
Der erste lacht, der zweite nicht.

Der sehr guter Held Electrolux Comanche, von dem es einhundert Statuen gibt und dreitausend gerahmte Bilder in der großartigen Nation, reitet in den Sonnenuntergang. Es gibt einen Film, in dem ist er stark und wunderschön.

Er ist betrunken, hat einen entzündeten Arsch und Scheiße am Stiefel. Sein Pferd heißt:

Versus Pathos

WAS WENN EINER
NüCHTERN WIRD?

GRÜNDLICHE
MELIORBESC
HMUTZUNG

164

Eine Jugendliche mit einer Halbautomatik in der Parka-Tasche beobachtet Leute (Parka von der französischen Infanterie, Waffe ein spanisches Fabrikat für die chilenische Luftwaffe)

Ihr Name ist Lea sie steht am Glühweinstand der Winterwirtschaft und weihnachtet sehr.

Was ist eine Schusswaffe? Macht und Einfachheit. Dem, der Lust auf eine Schusswaffe hat, mangelt es also an Macht und Einfachheit. Oder was noch?
Denkt sie sich.
Stille vielleicht. Oder Lärm.

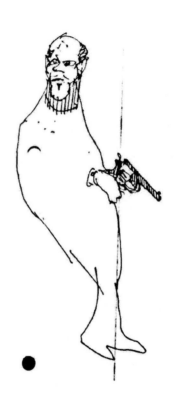

Sich gegenseitig die Luft wegzuatmen, wird auf kurze
Dauer bereits nervend. Gedrängt vor einem 60cm hohen
Spiegel, es riecht nach Haarspray :

also.
was.
kommst du mit.
ne. wie findest du den hut.
hm.
findest du die krempe zu breit.
spike kommt mit.
ich bleib daheim
daheim sterben die leute.
auf der straße auch.
was ist das.
und sonst überall.
das da.
mein neuer hut.

Der Neffe von Zeiss macht sich ebenfalls zurecht, weil er
spät noch Lagerkoller bekommen hat und es drinnen nicht
mehr aushält. Beige Plastikgardinen mit Prilblumen drauf.

Kraftmann!
Ich muss meinen Vater schlagen,
und meinem Gegner die Hoden und Brüste wegmachen.
Ich habe gebetet für einen großen Sprung,
bald wird also etwas passieren.
Ich bin so toll
Ich bin so toll toll toll

In einem einsamen Wohnzimmer darunter schreibt sein
Vater an die Mutter des Kindes:

Nur zu Informationszwecken: Ich mag dein Kind nicht, hol
es bald wieder ab.

Darüber, auf der Dachterrasse des gelben Hauses, liegt ein
weiteres offenes Buch, und zwar
*Messner, Peter-Maria: Ich bin Gott. Vor- und Nachteile
des Autotheismus als Ausweg aus dem Nihilismus. Bremen,
1984. Das Buch liest gerade einen Liegestuhl, weil sein
Mensch nicht da ist*

"Robert und Arzu waren im Museum Lichtspiele. Eine
Stunde später kommen Traugott und Peter aus der Arena.
Sie haben alle 'Barbarella in Atlantis' gesehen, sind beseelt
und rede-bedürftig. Frischer Tau an ihren Trinkgläsern.
[.... eine Seite ist herausgerissen ...]
Geld ist nicht so wichtig, informiert ein Gast den anderen
am Tresen, und legt einen 100er aufs Brett. für Schnaps -
während ich gerade unten vorm Kühlschrank kniee und mit
einem Handbesen versuche 50 Pfennig unter der Ablage
hervor zu stochern."

Der Mensch zum Buch hockt in der Ecke eines
schummrigen Rauchersaals durch den ich ziehe als jemand
lüftet

Ich sitze in der Ecke im Rauchersaal
am karierten Lesetisch und schau was an von Glawogger.
Der Sommerabend kommt zum Fenster herein als jemand
lüftet. Ein Puntigamer in der Zollergasse, die Häfen, trt,
den Flughafen, ein Bossa Nova in der Nelkengasse. das
Polizeiquartier. Werden sie es schaffen das Land
einzunehmen? Wer sind sie?
Auf den Tanzboden tropft
SOUL SALIVA
aber ich bin zu beschäftigt.

-

Ein bekifftes Kind sitzt daneben im Bücherregal und isst kalte Pizza mit Büffelmozzarella und Gorgonzola. Torre alto fragile, es kichert

Wenn ich groß bin, möchte ich gescheiterter Autor werden. Ich will mich in mein heruntergekommenes Zimmer zurückziehen und den ganzen Tag Lambrusco trinken, und rauchen. Einmal werde ich, im Abendlicht, durch die Jalousie-Lamellen hinunter auf die braune Straße schauen und versuchen wollen ein Gedicht über die Leute dort unten zu schreiben, werde es dann aber aufgeben, und stattdessen an multiplem Organversagen sterben.

Scheiße
Fuck

ficken
bumsen
pimpern
vögeln
poppen
pimpern

Wichser
Fick

Sie sind unser(e) Lieblingskunde/-in!

Dr. Ehrenmann hat (1) R:ezept

Anstandslos
Rumge...
Scheißungemurkse
Sex ... Scumsch
Fickfreund
Porno
Arschgeige
Bürokle
...es Arschloch

2011-05-06 fuck save
2011-05-01 for the love of fuck   snnigomä

Nach Aktivierung werden die
zuletzt gesuchten Begriffe

FUBAR
Future's theorem

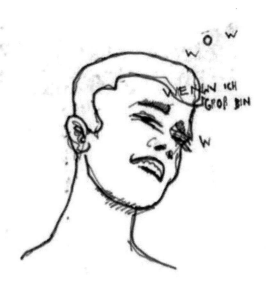

Als Lesezeichen in dem Glawogger-Buch steckt ein altes Foto von einer mit Lederhaube. Die Handschrift auf der Rückseite behauptet

Eva hat im Wettradio hundert Öken auf die Liberalen (1:4,25) gesetzt und gewonnen. Das war ein guter Tag.

Eine Jugendliche mit langen Haaren und einem
Küchenmesser schlachtet ihre Stiefmutter im Waschkeller
des Hauses

Why did you do it? Cause the great red spirit guided my
hand. Ich war ein ganz normaler Nachbar ein freundlicher
junger Mann, a sweet little girl Dass ausgerechnet ich so
etwas tun würde Sie hätten nie gedacht that

the great red spirit guides my hand

Ich tauche durch den Beton und die Erde hinfort, einen Hügel hinauf

und witness eine stille Abschiedsrede auf einem kleinen Feld hinter der alten Ziegelfabrik. Hernani saugt die Nachtluft ein. Sie hat sich Mühe gegeben, und eintausend Worte in den Wind gesprochen. Dann hat sie drei Tage auf eine Antwort gewartet, die nicht kommen sollte. Dann hat sie zwei Monate auf eine Antwort gewartet, die nicht kommen sollte.. Da hat sie tief geatmet und ist allein weitergegangen. Tod den Hängern, es hilft nichts. Sammeln sie Treueherzen? Nein.

SECESSION

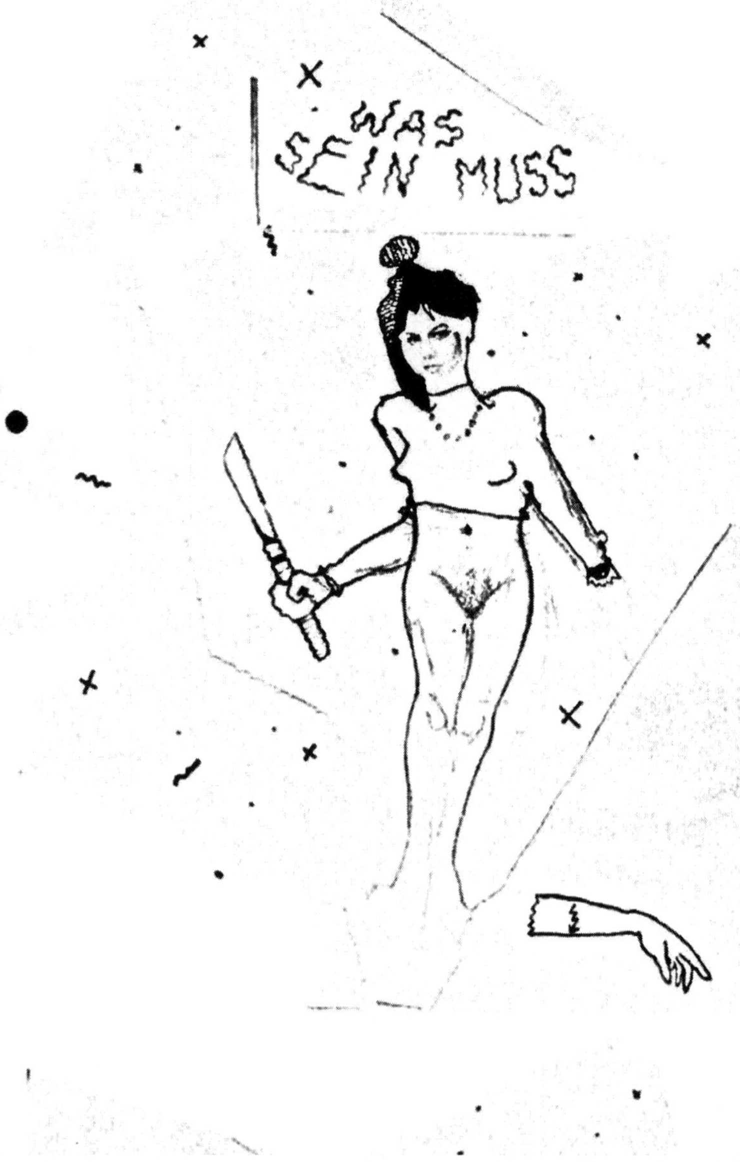
WAS
SEIN MUSS

Sie müssen
lernen loszulassen.

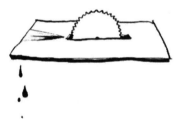

In einem alten Holzhaus auf dem Hügel im vernagelten
Herrenzimmer sitzt ein Kontor während die Lichter
flackern.

Über der breiten sauberen Straße die nachts leer ist, kreisen
sieben Zinsgeier. Sie beobachten die Geschäfte, bei denen
sie darauf gewettet haben dass sie einknicken.
Hölzerne Strommasten, schneller schneller.
Henry Ford Modell T

Ein Manischer spuckt einen am Boden voll beim Reden:
What would. What? Alles ist sinnlos und das ist gut so!
Stell dir vor mein Freund, es gäb den Gründer den
Vorgesetzten und den Richter. Was für ein Leben wär das
schon? Ich bin der echte Telefonvorhersager. Google me!

Baby ich bin heut morgen krank geworden
baby heute nacht sterb ich dir weg
tippt eine in ihr Handy.

Yin-win-Situation: Herbert scheißt sich BEIDE
Hosenbeine randvoll, als Vorrat, falls mal ein Klo kommt.

Ich gleite eine Steilwand hinunter.

Wieder am Hafen

Frieda sitzt auf einer Mauer. Fräuline Ludendorrfff wirft
einen Brief ein, drei Meter neben Frieda.

An den Leiter des Architektur-Bureaus du Maas,
Ich möchte Sie nocheinmal darauf hinweisen, dass ich um
die von mir beschriebene Ansammlung sanitärer
Installationen eine Mauer mit verschließbarer Tür
gezogen wissen möchte. Ich möchte unter keinen
Umständen, dass der Fäkalvorgang von außen einsehbar
ist. Der Benutzer soll in dem Raum alleine sein. Der Raum
soll AUSSCHLIEßLICH von innen ab-/aufsperrbar sein.
Die alleinige Gewalt über dieses Zimmer liegt beim
Sitzungsleiter. Dieser Raum ist ein geheimer Raum. Ohne
ihn nehme ich das Gebäude nicht ab.

In freudiger Erwartung,
F. Spalter-Buchenwinkler

Auch Rosa Abendrot wirft einen gefalteten Zettel ein, allerdings in einen Briefschlitz an einem Hauspostkasten. Der Zettel vibriert und raucht.

komm in mein haus um mitternacht

Alles herkömmliche Scheiße. Wo ist die rote Frau?
Venusier habe ich auch noch keine gesehen.
Aber Achtung. Es riecht jetzt, plötzlich, nach Ozon.
Oh.

In Richtung Stadtmauer, auf dem Weg runter zum
Ledertor. Ich wehe dem Ozon hinterher, verliere aber die
Fährte. Den Fußabdruck der Gespenstin vom großen Berg
kann ich aber noch deutlich sehen: Der Trafikant Blau
Ernust ist mit Spanngurten auf einen Operationstisch
gefesselt. Sein Kollege steht schwitzend daneben und redet
auf ihn ein.

Die heilige geile Grippe
geht um!
Der Trafikant schaut ungläubig.
Was die Frau mit dir macht ist ein festes Repertoire,
das sie genauso auch bei zehn Anderen durchführt.
Es ist daran nichts besonderes oder seliges; es ist
ein lauwarmes Handwerksritual.
Bilde dir nicht ein du wärst gesund.
Ich fessel dich auf die
harte dünne Gummimatte auf dem Tisch, weil
NEIN bleib liegen, entspann dich, atme ruhig
Die Spritze muss rein.
Später einmal wirst du mir danken.
DOCH wirst du
DIE HEILIGE
GEILE
GRIPPE hörst du denn nicht?
Ich übernehme hiermit das Kommando.
Kampfstationen besetzen
Kraftdüsen vorheizen
schreiende Erektionen veröden,
Blau, wir haben keine Wahl, sonst stirbst du uns weg!

Ich finde das Ozon wieder.

RISE
STUMBLE
KNEEL
BLEED

GRAND
SEX
SATAN
6666

Der Ozongeruch kommt von der großen Roten. Sie riecht
wie ein Blitzeinschlag. Sie muss vor Kurzem hier gewesen
sein, denn Blau Ernust wurde höchstwahrscheinlich
berührt - er schwingt in der richtigen Frequenz.

Unendlich viel duftende Wäsche hängt an Drähten
zwischen Balkonen, Wäsche Wäsche Wäsche Katze
Wäsche Paar trinkt Spätcafe hinter Eisengeländer Wäsche.
Enamel Pin raucht eine Zigarette nach der Oper. Wäsche.
Pin fantasiert sich in eine lang vergangene Situation:

Noah stemmt sich mit einem Bein auf der Reling gegen den ausrastenden Sturm, der Regen peitscht ihn. Seine hellgrauen langen Haare und sein hellgrauer Bart stehen gerade von seinem Kopf weg vor lauter Windgewalt, seine dicken schwarzen Brauen hat er tief in die Augen gezwängt um überhaupt noch etwas sehen zu können.

NUR ZWEI PRO SPEZIES! schreit er drei Lamas an die sich die Rampe hinauf kämpfen, und knallt einem davon mit seiner Pumpgun den Schädel weg. Er kann seine zwei Stück Kaktus-Eis nur mit dem Mund halten, weil er die Hände beide voll hat mit je einer Pumpgun. Das ist schlecht, weil ihm frieren die Lippen ein, und er muss das Eis immer in die Mundwinkel schieben wenn er brüllen will, und dann tun ihm die Zähne sau weh. Das ist echt unangenehm, aber Gott will es. Boris Becker und Brian Eno stehen zwanzig Meter weiter weg im Mondschein und beraten ob sie es mit Gästeliste probieren sollen.

Wäscheduft, Ozon, durchs Ledertor mit Monsieur Loyals wehendem Schal, der nach Orangen riecht. Monsieur Loyal geht mit festen Schritten:

Ich räume alle Zweifel überzeugt und schwungvoll mit meinen Ellenbogen aus dem Weg, so wie ich die alten Leute die zu langsam gehen, im Weg stehen, und an der Kasse Geld abzählen mit meinen Ellenbogen aus dem Weg räume. Es wartet eine kühle Erfrischung auf speziell mich. Meine persönliche Sevicewelt. Sie steht auf einer kleinen Freuden-Säule mitten auf einer hellgrünen Frühlingswiese. Es ist ein Krug Eistee, mit Eiswürfeln, frischer Minze, und einer gleichmäßig geschnittenen
Zitronenscheibe.
I once was lost, but now i'm found. Am Ende der Reise muss ich feststellen, dass es nicht das Kryptex ist das zählt, sondern der wahre Schatz die ganze Zeit über in uns drin war: unsere Freundschaft. Meine Damen und Herren, bitte erheben sie sich
never-ending happiness betritt den Saal.

Es gibt insgesamt drei Dinge:
1. frische Minze
2. Grat
3. das unnormal craving

Rott Orlock kann sie dir wegnehmen.
Rott Orlock kommt durch die Wand und grüßt nicht
und nimmt sich was er möchte und sagt nicht
warum.
*
Der Wiedergänger Rott Orlock
dient meistens Yuki-Onna,
manchmal aber auch der Roten.

ICH KOMME

UNGEBETEN
UND
SCHLECHT

Der Orangengeruch hat mich abgelenkt vom Ozon. Und
noch ein neuer Geruch, denn Kurt Ulfric schreibt ein
Briefchen und steckt es in einen Tonkrug voller Lavendel:

Große mächtige Mutter,
bestimme was zu tun ist.
du hast Erfahrung
du hast Weisheit
so bist du geboren
sterben wirst du nicht
du siehst alles
hörst alles
machst das alles so abläuft
wie es ablaufen soll,
muss.
Ich bin dein Kind
und dein Kind allein;
wie muss ich mich verhalten?

Ich bin richtungsverwirrt, schwebe durch das Zimmer in dem der junge Mann „Nem Tarullo" schläft und träumt. Es gibt einen Stadtteil den er nicht wach betreten darf.

Your pulse does not belong in my veins.
Your blood does not belong in my veins.
Ich werfe dich weg.
Dort ist eine Insel die ich nicht wach betreten darf.
My bones congeal
Dort singt das Blut in meinen Adern
ein Lied für mich
und meine Haut fühlt sich nicht zu eng an.

Eine Figur in seinem geträumten Stadtteil trägt den Namen:

You can't put the nihil in a cage. It will always be free, it denies the mere fabric of any cage that you might put on it. It runs free. The trick is to let it air out, let it become so beliebig und dünn, dass es selbst wie nichts scheint. Besser gehts nicht.

Ob ein Glas halb voll oder halb leer ist, hängt davon ab, ob man trinkt oder ausschenkt, das ist völlig egal. Die Frage ist eher, ob man Drähte über die Straße spannt damit die Wögel darauf sitzen können.

Ich saß auf dem Fensterbrett zwischen dem vertrockneten Rosmarin und einem Topf voll gerauchter Kippen und schaute in die leere Nacht. Da erschien etwa einen Kilometer entfernt das Bierzeichen. Es schimmerte warm, also warf ich mir eine Strickjacke über und machte mich auf den Weg zu ihm. Heute bräuchte ich keine Strickjacke, denn es ist ein Sommerabend. Ich kann aber das Bierzeichen nicht sehen, denn ein Arzt hat mir die Augen verbunden Meyer.

Das ist einer der längsten Namen die ich je gehört habe. Ungefähr so sieht die Traumperson aus:

„ Bildnis

Ein zweifelnder romantischer Pfarrer sitzt allein in einem
leeren Beichtstuhl in einer leeren Kirche

Heaven und Hell? Das sind Utopie und Dystopie. Das ist
Behaviorism.

Ihren Lebtag lang hat sie hart gearbeitet. Und jetzt sowas.
Man verdient nichts. Ilium und die griechischen Alliierten
haben nicht für die Liebe gekämpft sondern für den
Kampf. In einem zu heißen Shlafwagooon. Everybody
wants somebody sometimes - aus Gier und aus Eitelkeit.
Realität ist Konsens, und die Wahl der Qual hat man
manchmal und manchmal nicht. Yuki-Onna hat mir den
Blutrüssel in die Brust gehauen, und saugt mich aus. Sie
glüht kalt und schaut mich gleichgültig an.

Julia und Romeo sind rechtzeitig gestorben. Kongo Müller
raucht noch eine Kippe.

Ich habe nichts gewonnen.
Obwohl ich bei einem
Preisausschreiben mitgemacht hatte.

Zwanzig Meter weiter. Einer gibt sich hin, dem
Schlafwandeln unter der großen Hand, und ich habe den
Ozongeruch wieder gefunden.
Er ist stärker, sie ist vermutlich näher.

Prinzipiell gewaltbereit,
das Tabu leuchtet hell, und die Tarot-Karten empfehlen:
~~ Kreuz & Meister ~~

Öffne eine ganz bestimmte Muschel.
Gehe mit einem schweren Hammer
gegen den § 175 vor, hänge den Nazi ab,
übergib ein Päckchen in braunem Papier,
lege zwei Finger dorthin,
wo du nicht einen hinlegen sollst.

Also? Eine viel zu kleine Frisur ist im Vollbesitz meiner
geistigen Kräfte;
Ich bereue wahrscheinlich nichts,
der Mann im Rücksitz kommandiert,
alle Wege führen in seine blaue Hand.
Eine ganz andere Frisur wächst mir von oben ins
Kopffleisch hinein, sie brennt und knistert, lädt meine
Zellen auf von oben bis in die Sohlen hinein, mein Mund
wird trocken, ich schmecke Eisen und rieche einen Blitz!

Er wacht aus seinem Schlafwandel auf und rennt weg in
Richtung Hafen.

206

Da ist sie. Sie glüht warm und betankt über ihren
Blutrüssel zwei Leute. Der Geruch, die Vibration, die
Entladungen. She is frowning und konzentriert,
A & T knieen auf einem Pensionsbett.

The world blushed
when it saw you.
Von oben kommt ein Palmendieb herangecreept,
und öffnet mir die Schädeldecke mit seinen
Scherenhänden.

Es passiert die erste und letzte
CORE SEANCE
Was?
Das Zimmer fängt Feuer.
In der Mitte, auf einer alten Matratze,
zwei Katzen

↓

Er betritt die Kirche. Das Weihwasser wirft Blasen
und sucht nach Mauerritzen durch die es
entkommen kann, es versiegt, es kippt biologisch, es
verdunstet, die alten Leute drehen sich schlecht
verborgen um, krallen sich an ihre Rosenkränze und
bekreuzigen sich. Die Orgel keucht, Maria
menstruiert völlig hemmungslos und ohne Schmerz,
Jesus steigt vom Kreuz und applaudiert, vier Kinderchöre
schließen die Augen und schreien -

sie sitzt auf dem Altar,
starrt ihm durch seine Augen in den Scheitellappen hinein
und zerreißt sich dabei das Hemd während er
durch den Mittelgang gerade auf ihren Bauch
zugeht, die Beichtstühle hinter ihm
zusammenstürzen, er watet, sie leiten das Wetter in Bahnen
die ihnen gefallen, auf ihren Planeten verfolgen sie die
Polizei, sie bemerken mich und werfen mich mit einer
leichten Handbewegung raus, zurück in meine Ebene.

Die beiden schweben über dem Pensionsbett und zittern in
der Luft, es hat präzise 42 Grad Celsius / 107,6 Grad
Fahrenheit. Sie kollabieren als die rote Frau ihre Schläuche
herauszieht und fallen in lachende Ohnmacht.

In Ordnung. Femme rouge zieht mit viel Elan weiter, ich folge ihr nicht, sie existiert noch, ich bin satt.

Ich wende mich wieder den Materiellen zu, von der Neugier befreit und ohne Ziel.

Stehend auf einer Holzkiste:

Erzgemeine Menschenfresserei,
schuldig gemacht und damit sein eigenes Menschsein
verwirkt.
Er soll im selben Feuer schmoren wie die anderen
Nachtgänger.
Das Feld gewinnt immer der, dem es von den
Gleichgültigen oder Schwachen überlassen wurde.
Deshalb: Der ultimativ Fremde muss ultimativ
verschwinden,
ansonsten machen wir uns mitschuldig.
Er googlet nach "olsen twins nude"
und dannwird vernichtet
punkt

AN EINEM GUTEN TAG VIELLEICHT ZWEI.
ABER ES IST EINE SCHLECHTE NACHT UND ICH BLUTE.

ALLE AUßER
DEN ROTHAARIGEN UND
DEN ZIGEUNERN

SCHUSSWAFFENAFFINE
LOKALPATRIOTEN

Vor dem erlesenen Gremium ist der nächste Sprecher dran

Grigori Jefimowitsch Rasputin, der der den Zarewitsch gesund gebetet hatte, der der durch die Hintertür kommt, hat bevor er in Ungnade fiel den Zaren mehrmals bedrängt Tepesh's Grab zu öffnen. Mit der Hilfe von Tepesh, der nicht atmen muss, wollte er zu dem versunkenen Fluggerät vordringen. Er fand erst Gehör, nachdem er den Zarewitsch zum zweiten mal gesund gebetet hatte, und die Zeugenberichte des Untergangs der Titanic (zu unrecht) auf den indischen Kapitän hindeuteten.

Sie wollten an das Fluggerät heran, bevor Nemo es kriegen konnte. So weit wir wissen, wussten Sie nicht was genau das Fluggerät ist, sondern vermuteten lediglich, dass es wichtig ist, und wollten es sich deswegen sichern.

Der Herr über Leben und Tod hat aus unserer Gemeinde
geholt

Herr Martin Zeiss

Verbrenne Kraut und atme den Rauch
Hole es aus den Hügeln,
nicht vom Netto.
Drehe dich so oft im Kreis
wie der tote Jahre hatte.
Knie dich hin
stehe wieder auf
knie dich wieder hin
sag drei mal:
Von oben kommt ein Palmendieb herangecreept
und öffnet mir die Schädeldecke mit seinen
Scherenhänden.
Vergrabe seinen Körper mit dem Gesicht nach unten und
den Füßen in Richtung Osten.
Komme diesen Aufforderungen gewissenhaft nach, lache
nicht, und kleide dich dabei sauber.

Pflanzen im Dunkeln

Die Nacht ist blau im sprechenden Wald
feuchte Pflanzen im Dunkeln
die Sonne scheint durch ihren Mantel heraus

Auf deinen verrotteten Zäunen
wird mein eigener Urwald wachsen
und allen gehören bevor er verbrennt,
vielleicht, mal schauen.
Die Sonne scheint durch ihren Mantel heraus,
you have reached your destination.

Eine Messingtafel: Bert Maria Hasenmüller 2006
anlässlich der Nuplex-Eröffnung

ihc bin tastatur legastheniker. handschriftlich schreibe ich
meist fehlerfrei, aber an tastaturne stellen sich zewi effekte
ein: erstens, ich versteele die buchstabenreihenfolgen
innerhalb der wörter; zweitens, ich verdopple buchstaben
um buchstaben herum die eigentlich doppelt sein sollten,
die ich wiederum aber dann nur einaml schriebe, also zum
beispiel 'verdoople' statt 'verdopple'. Hat Sie das
interessiert?

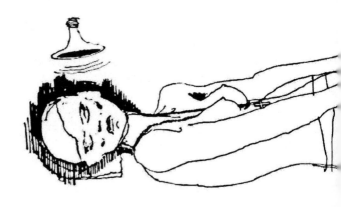

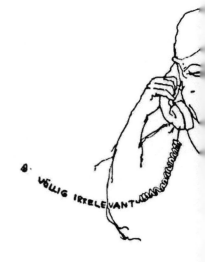

VÖLLIG IRRELEVANT

Es ist immer noch dunkel und warm. Sehr viele sind in den Straßen unterwegs. Alles Terraner, keine Venusleute.

Sie sind noch bei mir? Auf einem Baumstumpf sitzt ein kleiner Major und fordert leise: „Mach das Licht aus wenn du gehst", aber niemand hört hin. Schräg gegenüber, auf der anderen Seite von zwei Fahrbahnen, den Pinien und den Müllcontainern, und noch zwei Fahrbahnen, sitzen viele verschiedene Leute mal höher und mal tiefer auf den vielen kleinen Treppen vor dem Generalkapitanat. Existenzvertreib vor dem Generalkapitanat. Es gibt Getränke und Hand-Essen.

„Call-a-bike and go-to-hell"

"In einer Affenschachtel bildet sich eine künstliche Intelligentsia, damit haben die nicht ge"

„en Devil's Kettle als Portal zum Ganymed betrachten, aber"

„Schwermut hat eine hohe Haftreibung, da hilft nur"

„aber Hüsnü Fockensteins Warnung, 13 Millionen Gefahren in nur 30 Tagen"

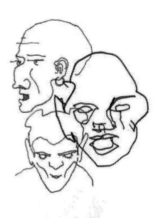

221

Jemand sitz allein mit einem Notizbuch auf einer Kante
und fängt eine Liste an

Ich scheiße einen großen Haufen auf:

-

-

-

-

-

Coma Concorde

Die glänzende Cobra und der arme Teufel sitzen bei einer Schale und einem Glas Eistee zusammen. Kommt ein Waller geflogen und fragt sie nach dem Weg zum heiligen Berg. Sie schweigen, weil sie ihn für sich haben wollen. Der Waller zieht verärgert ab und schimpft sie elitär.

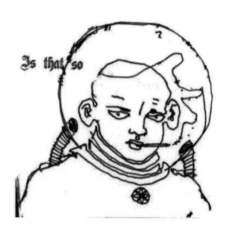

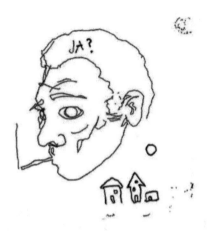

Fünf Stufen höher: Knopper Oak Gall Wasp mit einer
Opiumpfeife

The man on the edge
got his fingers in the hatch,
not quite sad enough to leave
not quite glad enough at home.

In seinem Kopf regnet es
artificial girls.
Artificial girls fondling
Cinnamon Genital
Seine Augen rauschen
wie die letzte Wolke Englands
und der erste Kuss der Welt.

Um sein Hirn liegt ein schwerer Ring.
I sell poison to the wicked and the poor
to the drifter I sell cure.
Erdbeer Verwahrlosung
god knows, I don't
god knows I don't
Did I imagine them?
No word is heard in a millenium and
I'm the last man on the moon.

Er nickt und nimmt noch einen Zug aus der Pfeife.

Das dritte Brückel ist umsonst!

lagen —

— Jetzt zuschlag

Noch fünf Stufen höher komme ich wieder in Richtung
Hermesplatz. Eine aufgefaltete Glasfront, schwarzer
Rahmen, alter Lack, dunkelgrüne Lamellen, das Restaurant
Lezard

Irreführende Fehltäuschungen
hohle Geschenke
gibt mit Narben an
belehrt ihren Mann
glitzert abschätzig.

Sie redet mit ihm so, wie man mit einem Tier, einem Kind,
oder einem Alten spricht.
Er schaut in einen unsichtbaren Abfluss
und denkt daran was ihm sein verschiedener Vater
beibringen hatte wollen.
Also wenn dir jemand sagt
"Du musst dich doch vor mir nicht rechtfertigen", dann
nimm einen Stein und schlag ihm damit den Schädel ein,
mein Sohn."
Mit einem blauen Filzstift steht auf dem Klo an die Wand
geschrieben:

Ich hasse Kabel und Tischdecken.
Wäre gerne mit Michiko Nishiwaki befreundet
Tel.: 1533.1964.1

WAS ICH AM MEISTEN HASSE IN DER WELT IST TROST.

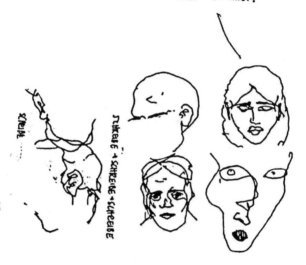

Plak Tow auf einem Kirschbaum vor dem Fenster der dampfenden Küche des Restaurants. Es riecht nach Rindersteak und Rosmarinkartoffeln und Kräuterbutter. Im dunklen Baum sitzt eine junge Frau und schaut hinein in die Küche auf die Köchin.

Ich trage das unnormal craving in mir,
nimm mich jetzt oder ich sterbe.
Ich sitze in der Baumkrone und schaue
zum Fenster herein wenn es stürmt,
und wenn das Wetter freundlich ist auch.
Mein Mantel ist nass
ich zittere, stürze einzweimal fast ab,
klammere mich wieder an irgendeinen Ast.
Letzte Woche war ich auf dem Dach,
vorletzte Woche im Motorraum,
davor auf der Laterne.

Die Köchin ist sich dessen bewusst, ist gefasst und denkt fast unmelancholisch: Ich lasse sie nicht rein. Wenn ich sie einmal hereinlasse dann will sie immerwiederkommen, und es wird nur noch schlimmer. In einem Jahr sitzt sie im Baum einer anderen.
Sie trägt das unnormal craving.

ON THE OTHER SIDE OF THE RIVER,

Einige Meter darunter, in der Gasse, am Personaleingang des Lezard, im Neonschein. Der altmodische Gewalt-Kommissar deutet blitzgescheit die Zeichen, sieht die leeren Joghurt-Becher und die aufgebogene Tür und ihm wird eines sofort klar: „Echsenmenschen!" Seine Kollegin bläst in ihren Cafe, ihre Brille läuft an, und sie denkt sich: *Vollidiot.*

Auf dem Weg hoch zum Kiosk am Hermesplatz

Er trägt ein Paar Ohropax, eine dunkle Sonnenbrille mit zwei Gläsern, Handschuhe mit zehn Fingern und eine Flasche Wein. *'Geschichte' hat sich noch nie wiederholt, tut es aktuell nicht, und wird es niemals tun solange das menschliche Zeitempfinden als Ereigniskette verläuft. Ich mache dass jemand niesen muss und ich regne. Haben wir nicht da. Amerikanische, englische, oder türkische? 4€ Bitte.*

Im holzigen runden Dachzimmer über dem Kiosk

Gott ist klein, grau, und schrumpelig. Er ist müde und hat traurige Augen. Ich reiche ihm seine Wolldecke damit er sein kleines grünes Bett verlassen kann ohne zu frieren.

Er hat zwei geschriebene Seiten an die Wand gepinnt: Ich bin Marek

Lee Van Cleef und Yul Brynner stehen im Dunkeln mit den Schienbeinen an meiner Bettkante und schauen auf mich herab. Lee raucht eine braune Rauche und grinst beinahe nicht, Yul tut nichts von beidem. Sie rütteln mich halbwach.

Lee: Wie gehts.

Yul: Steh auf.

Lee: Es geht los.

Yul: Zieh dich an.

Lee: Nimm die schönen.

Yul: Du hast drei Minuten.

Und:
Ich bin nicht Marek

Meine Wege sind unergründbar. Ich reiße mir Haare aus und esse sie (keine weiteren Angaben). Ich habe den heftigen Drang den rechtesten Finger meiner rechten Hand und den rechtesten Zeh meines rechten Fußes abzusägen. I am the madwoman in the attic. Ich allein höre zu wie das W-Lan durch den Putz schwimmt, die Heizung keucht, die Gläser umfallen, der Boden von unsichtbarer Hand gezittert wird. Die Dielen dehnen, ich mache keine Geschichte daraus; sie würde schnell stärker werden als die Sache selbst. Ich habe die Vision:

In einer Regenkammer, unter einer Regendecke küsst er sie wo sich ihre Beine treffen. *I'm in love and it's a sunny day und das Wetter ist scheiße. Ich liebe dich für immer und die Titanic sinkt nicht.* Dreimal am Tag bete ich in Richtung Westen, auf dass ███████ erscheint, und jetzt ist es soweit, und sie krallt sich kräftig fest, damit es so nah ist wie es geht und ja nicht nochmal verschwindet.

Unten im Kiosk: Der Kassier der früh ins Bett will

Drehtabak 60 Minuten

Fensterputzen 300 Kalorien

Suppenvater köchelt seine Meistersuppe irgendwo im
Haus, und wir finden nicht heraus wo
Suppe 3,40 $

Visiophon 1972

Allendes Internet 65K

Ich habe mir das Essen abgewöhnt
Brücke Nacht Straßen-Laterne Noir Tabak.exe
Komm her du Kunde
Panik Sex Kernseife 70€

umzingelt von Zeit
unendlich geschmeidig
töte deine Helden
habe keinen Spaß an Feindbildern
habe keinen Spaß an deiner eigenen Identität
traue niemandem
zweifle an allem

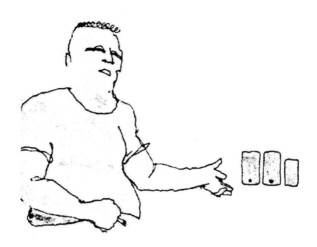

Ein Kellnerin in der Kühlung der Brückenwirtschaft liest:
Autotheismus Nachteil

"Das Individuum lebt in wohliger erlernter Hilflosigkeit. Der Autotheismus hat auch dieses Potenzial. Er kann einen Bürger erschaffen wie aus der trockensten Autoritärenphantasie. Ein Konsument der haupt-sächlich auf das Erleben seiner persönlichen Vita konzentriert ist, ohne gesellschaftliche Einfluss-möglichkeit, aber auch ohne dahingehenden Willen.

Die Philosophie ist bestens Kapitalismus-kompatibel, tendenziell wirtschafts-liberal bis zum Sozialdarwinismus hin, und legitimiert und bewundert Führer als Macher. Ideologieinhalte aller Art, faschistisch geordnete sogar, können andocken an den Autotheismus."

aus Cho, Kritik der Gestalt-Philosophie, Sevilla 1989

Auf einem Geländer, es riecht nach Öl und Maschine

Zaungäste eingehend grüßen
Ich lebe auf einem Zaun
ich bin immer auf dem Zaun
er ist mein Erstwohnsitz
von insgesamt einem
ich koche mir etwas auf dem Zaun
ich telefoniere selten auf meinem Zaun
und wenn, sehe ich zu, dass ich zügig wieder auflegen
kann. Pointierte Information auf meinem Zaun.
Er unter seinem Menschen zaunt mich umfassend.

Auf der einen Seite des Zaunes:

I protest! Ezra F. Breadford is a soldier and a friend.

Auf der anderen:

Ezra F. Breadford is a petty small man who radiates dirt in word as well as in verbatim physical form. I should not trust him with my fair wife let alone with my horse and my provisions. I shall not give a half of a flying fuck as to wether he lives or not, if only he stands clear of my sight and of that what's mine.

Cuul Gedeih lehnt am anderen Ende der Brücke und grinst

Ich habe mir den Haken aus dem Fleisch gezogen.
Ich weiß nicht wie, aber er ist heraus.
Ich komme und gehe jetzt wann ich will.
Ich bin kein Sklave mehr.
Ich stehe aufrecht und leuchte bis ins Grab.
Oder bis die nächste Rute mich fängt.

Cantor Bim sagt:
"You foul cabbage!

1. S e ku l a r e S p iri t ual i t ä t
gibt es nicht umsonst.

2. He who is everywhere also is nowhere.

3. There is no authority but yourself,
there only is the force that longs to take
a look into your hole to see if there's some fun in it.
Evade it or outgrow it.

Und was sollen die Leute sagen? fragt sich eine Faltige mit
Schürze

Zieht sich an wie Nutte! Heutzutage. Ich sag ja nicht.
ABER trotzdem. Kein Wunder, dass. Provoziert ja
geradezu! Das war ja noch nie da. Also. Wo gibts denn
sowas? Früher musste auch nie. Sind hier immernoch in
Grat, ja? Versicherung Wiederverkaufswert dreiste
Internetmafia im Angebot Ist teurer geworden mein Mann
sagt auch dass Benzinpreis-Wetter Ehrlicher Bürger-Amt
Freundlicher junger Mann mit Zaun Das rechte Maß. Nicht
zu viel und nicht zu wenig. Normal eben. Traditionelle
Wertegemeinschaft Schwulenehe widernatürlich. Gestern
wieder nach Lesben gegoogelt. Dagegen sollten die da
oben mal was unternehmen! Wo gibts heute noch Früher
besser.
Auch nicht mehr das, was es mal war. Das darf man nicht.
Sowas macht man einfach nicht! Und was sollen die Leute
sagen?

Sie rutscht auf ihrem eigenen Speichel aus und fordert
daraufhin fluchend ein Verbot aller Fußböden sowie
Umerziehungslager für nichtrauchende Waldtiere.

In einem Hinterzimmer mit Billardtisch und kaputtem Ventilator: Totenkopfaffenstunde

„Sie hat alles erreicht und ist dann eingeschlafen. Wir wecken sie nicht, sie hat eh nichts mehr zu tun." erklärt ein Patron in einem grünen Anzug dem Neuankömmling, und zeigt auf eine adrett gekleidete Frau die auf einem der beiden Sessel im Raum sitzt und die Augen geschlossen hat. „Aber Frau Lerton und ihre Nichte versuchen trotzdem sie wiederzubeleben." Er zieht sein Gesicht missbilligend zurecht.

„Ich möchte nicht, dass mir jemand dabei zusieht, besonders nicht du", sagt Martinique Lerton scharf zu ihrer Tante. Martinique ist nackt, versucht mit einem Arm ihre Brüste zu bedecken, und mit einer Hand ihren Schritt. Sie duldet keinen Widerspruch. Gusseisern schimmernd steht hinter ihr ein großer Tank mit einer Schalttafel, einer Luke, und Trittleiterstufen. Über einige Schläuche ist der Tank mit dem anderen, noch leeren Sessel verbunden. Martiniques Kleidung liegt über einem Schemel neben ihr.

Ein Fake-Gnom sitzt auf dem Schnapsbrett und feuert sie an: „Ein Gihirke essen! Schnell schnell!"

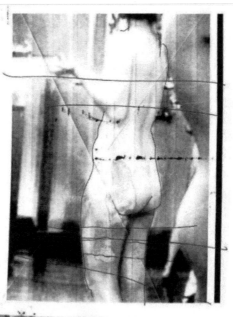

Bald geht die Sonne auf.

Ein nackter Mann driftet aus seinem Pensionszimmer heraus in den Schlaf hinein. Eine Träne läuft seine Wange herunter – er hat seine Venusierin verloren.

Es läuft der Song „I don't want to see you cry babe" (Ken Boothe).

Muss ich daraus schließen, dass ich den
außer-irdischen Besuch wohl verpasst habe?
Oder gibt es noch mehr davon?

Die Sonne geht auf. Am Hafen ist was großes los.
Lohengrin Ouvertüre

Bootsglocken läuten; erst ein, dann zwei, dann immer mehr. Ein tiefes binäres Brummen schwillt an, gleichzeitig fängt das Meer an unnatürliche Wellen zu rippeln. Die Wögel kreischen, Menschen schreien. Mit einem Peitschenknall schlägt ein brutaler Zacken aus dem Wasser und reißt ein lautes weißes V hinter sich her. Ein bizarres schimmerndes Unterseeboot quillt durch die Wasseroberfläche an die Luft. In fetten Buchstaben steht auf dem vernarbten Rumpf

NAUTILUS.

U

251

Thomas Schamann will return in
„GRAT“

Notizen: